香港城市大學中文及歷史學系
創系十週年叢書 08

世界中的溫州

神聖與日常的變奏

曹南來 著

中華書局

香港城市大學中文及歷史學系
創系十週年叢書總序

客人來訪，都說香港城市大學方便，以其連接交通樞紐，毗鄰購物商場。商場被學生戲稱為「白區」，從白區穿越時光隧道，通過紅門，進入紫綠藍黃紅區，便是大學。的確，校園商場，幾近無縫接軌，大學在城市之中，城市也在大學之內。在大學的某個角落，有一個「中文及歷史學系」，師生們也在埋首研究和書寫城市。中文及歷史學系由創系系主任李孝悌教授建立之初，即以中國口岸城市研究為主要發展方向。光陰荏苒，轉眼十年，是時候交些功課，本輯「創系十週年叢書」，即立意於此。

我們去年年末邀請一些同仁為叢書撰著，今秋陸續收成，發現大家竟不謀而合地皆論及或立足於城市，且古今相投，前後呼應。古代方面，有兩千多年前的楚都紀南城（沈德瑋），千多年前的長安與上黨（呂家慧）、寧波和日本福岡與奈良（李怡文）。近代方面，有兩本不約而同地以十九至二十世紀的香港為主題（程美寶、陳學然），但一旦講到香港，便不得不論及鄰近城市。有兩本分別追溯蕭紅在哈爾濱和上海（劉東）、饒宗頤在新加坡（楊斌）的人生軌跡，但這兩位主角最終都魂歸香港。二十、二十一世紀之交，人類學家（曹南來）遠赴巴黎、羅馬，尋覓的卻是溫州的身影。即便是文學創作，兩位作家（馬家輝、陳志堅）既生於斯長於斯，自然亦從香港出發，或在九龍碰上李小龍，或到上海尋覓魯迅。

倘若讀者覺得老師們的文筆太老氣橫秋，不妨來點「小清新」，讀讀城大本科生的文學創作——特別感謝潘步釗博士和陳志堅博士兩位中學校長為本系開設文學課程，給學生悉心指導，並多年擔任本系主辦的「城市文學獎」顧問和評判。二人合編《城市微縮》，收入本系和城大其他學系本科和碩士生的散文作品，他們對同學的讚許和鼓勵，想必比本校老師更為中肯。同時要感謝的，是本系同事范家偉，他編輯《鑽燧薪傳》，收入多年來碩博士在讀和畢業生的學術論文，邀請校外人士評審，敦促同學改進，一如既往地為學系的研究生教育嚴格把關。

同事們平日在辦公室大部分時間都埋首書齋，即便在走廊碰面，也只是匆匆點頭問好，隨即返回自己的天地，所謂君子之交是也。師生在課室相見，花開花落，又是一個畢業季，又是一個開學日，都未必記得彼此的名字。同事師生間的相識與相遇，儼如城市行人擦身而過，份屬隨緣。猶幸的是，「叢書」將接近五十位作者和編者通過文字和出版聯繫在一起，有史學有文學，由考古學到人類學，自戰國時代至二十一世紀，給讀者呈獻一趟歷經古今中外數十個城市的超時空之旅。各部作品體例不同，寫作風格有異，但都不會因為篇幅短小便顯得內容膚淺，而是盡量做到言之有物。讀者若能從叢書序號 1 讀起，一本一本讀到第 12 號，浸沉在昔日都城的繁華盛世，看到它們煙飛灰滅或今不如昔，則對自身有生之年所目睹的城市興衰，不會感到不解或感傷。最後讀到年輕人的寫作，聆聽他們對城市的觀察與隨想，理解他們在微縮的時空裏，如何把文字化作一道掌風，對抗遺忘，最終夢遊至那「不存在的城」，也許便是希望所在，亦算是我們出版本叢書的一個不經意的成果。

程美寶、陳學然 謹識

2024 年秋冬之際，深水埗與九龍塘之間

目錄

導　言

幾十年來的經濟改革與對外開放使中國人開始面對經濟全球化及其附帶的社會文化變遷所造成的各種挑戰，海外華人移民群體參與基督教的現象即是這一重大變遷之一。本書利用筆者及研究團隊成員近十年來在法國與義大利進行的多點實地田野調查，針對海外溫州華人移民基督教在當地社會經濟地位、所處的空間區位以及移民適應的方式這三個層面上的異同進行比較分析，試圖理解在海外世俗化框架下華人移民基督教興起的原因與特徵。

事實上，不同於基督教文化主導下的北美社會，在高度世俗化的歐洲大陸，信仰基督教不僅不會帶給移民文化特權的地位，反而使移民基督教群體處在主流社會文化的邊緣。法國和義大利都是當代歐洲宗教世俗化的代表。法國是世俗化的一個相對極端的例子，擁有眾多的無宗教信仰人口並強調公眾不信仰的自由。義大利雖有大量名義上的天主教徒，但多呈現出宗教私人化與非組織化狀態。近年來在這兩國都出現了大量以浙江溫州人為主體的華人基督（新）教組織。與全世界做生意的溫州人作為中國改革開放後最早走出國門的華商群體之一，已經成為中國經濟全球化的一個標誌。今天的溫商在某種程度上扮演着跨國界的中國海外經貿代理人角色，他們通過民間自發的、幾乎無孔不入的商品流通網絡，不斷在全球拓展着中國的商業版圖。這一在全球範圍內活躍的溫州人經濟，促成了海外華人商城經濟的發展與擴張，同時也影響和形塑了華人社區的宗教信仰與組織形式。

改革開放以來，基督教作為曾經的「洋教」已經被徹底本土化，成為地方中國社會的一部分。這就要求我們超越中、西二元對立的框架去探索中國基督徒自身的意義闡釋，即不再依賴傳統的中國人向西方宗教皈依的解釋框架，而把基督教放置在中國特定的地方性的框架中去檢視，尤其關注在中國現代化、城市化和全球化的同時，本土基督教不斷變遷和發展的過程。與其他宗教一樣，基督教並非一種憑空出現的無形無體的信仰，而是深嵌於地方歷史、族群記憶、社會活動與個人經歷中。基督徒之間的互動或基督徒與非基督徒的互動，也並不會發生在一個空白的文化景觀之中。基督教作為一種跨國宗教的到來，與當地中國人的生活經歷、認同糾纏在一起。隨着全球市場經濟與全球化進程的加劇，華人宗教也隨着移民被帶到世界的不同角落。解釋中國基督教這一制度化宗教的本土化和全球化發展，不能僅停留在制度層面上的分析，更需要對彌散於教會制度發展中的日常宗教性進行社會文化的解讀與認識。因此本書所關注的核心議題，即是華人移民生活中展現出的神聖與日常的交織與變奏。

法國的華人教會主要以溫州移民為主，並聚集於巴黎這個商業貿易中心。筆者實地統計，在大巴黎地區約有二十家以溫州移民為主的華人教會，信徒人數上萬。他們大部分在國內已經成為基督徒，為了實現致富夢而來到法國這一世界時尚之都，從事小商品零售和批發貿易。義大利的華人教會以溫州人和青田人（青田曾為溫州專區下轄的青田縣，現隸屬麗水市）為主，大約有三、四萬的華人基督徒，並發展出了七十多個華人基督教會，在歐洲居於榜首。這些移民與法國的溫州移民一樣，大多在中國時就已經接受了基督信仰。華人基督教在一個漸漸世俗化的歐洲有如此顯著的發展，與其依靠家國紐帶的發展模式密切相關。

旅歐華人教會是以個體華商家庭為單位進行發展的移民組織，也常以家戶為單位計算教會規模。這

巴黎市中心的溫州商舖（照片由作者所攝）

個「家」是具有現實社會經濟功能和民間社會動員能力的，是嵌入在一個以華人商城經濟為依託的跨國網絡上的諸多堅實結點，而並不只是一個流離失所者急需棲身的「家」的隱喻。這一點也決定了它的全球適應性，與溫州人「四海為家」的創業精神相輔相成。華人教會網絡往往隨人員的遷移和個體商業的擴張，遍及諸多歐盟國家。華人移民教會與海外華商自發建立的眾多商會和聯誼組織一樣，都表達了中國人特有的家國文化認同，也往往傾向於擬家族化發展以及強化自身與國家的情感和制度紐帶。但華人移民教會往往比這些商會和聯誼組織更具社會公共性。溫州人教會在歐洲所獲得的房產資源都屬於華人社區的公共資產。尤其當部分溫州移民尚未取得合法居留權時，華人教會成為他們在海外唯一可以自由參與的，存在於家與國之間的最大的社會公共機構，為他們提供形成意見和觀點以及進行公開討論和象徵參與的公共空間。這種海外溫州基督教的公共性和地方文化嵌入性，使其能夠在當地社區事務中扮演十分重要的角色，形塑社區的信仰和價值觀；而教會領袖和積極份子則充當了地方精英的角色，在僑界和社區享有很大的影響力和聲望。

對於大多數中國移民來說，歐洲是一個經商的地方，家和情感的歸屬依然在中國。華人基督徒也一樣，他們非常注意鞏固自身獨立於歐洲主流社會的空間，強調對家國文化的認同，宣揚與《聖經》相契合的中國傳統價值觀，如孝敬父母，既是儒家思想的一部分，也與《聖經》的教導相符。他們在歐洲熱衷購買教會聚會用的場所，是為了在異鄉擁有屬靈的「家」。雖然處於歐洲社會的文化邊緣，他們卻一直帶有一份從原生文化和信仰而來的自信，與當地主流文化與信仰保持一定的距離。教堂這個「家」為華人基督徒提供了情感上、靈性上的歸屬，也讓本來就處在歐洲社會邊緣的他們生活在一個安全溫暖的移民社會空間中。信仰身份的認同和對宗教社群的委身在此社會空間中得到加強。受教育水準低和語言不通的狀況限制了很多第一代華人移民的生活半徑。與非基督徒華人相比，詩班練習、禱告會、查經班、團契聚會、主日聚會、基督教節日聚會等教會活動佔據了華人基督徒大部分的非工作學習時間。通過這些活動，教會為華人基督徒創造了必要的社會公共空間。更重要的是，遍佈歐洲的基督教會網絡，使他們擁有較大的流動的社會空間。即使華人移民的經濟流動性使得他們中的一些人會舉家在城市間流動，教會的屬靈的「家」卻沒有變。常規化的教會活動和不斷重複的宗教性儀式，加強了華人基督徒對此社群的歸屬感和認同感，也滿足了華人基督徒在海外對社會參與的需要。

法、義兩國的世俗化形式與程度雖然不同，但它們都強化了華人移民基督教群體與當地主流社會間的張力與離心力，客觀上加強了移民教會內部的凝聚力與宗教委身。這或許揭示了為什麼在極為世俗化的社會框架下卻得以聚集起全歐最大規模華人基督教群體的原因。對這些移民基督徒而言，長期穩定的教會參與，使他們能夠在跨國遷移與流動中充分建立歸屬感與互信並獲得情感上的依靠，以及社會物質方面的安全感。這種團體歸屬感，是由基督教團契通過營造基於信仰的集體生活產生的，因為擁有一個基於信仰的道德共同體，它往往比其他僑團組織更能吸引和凝聚普通華人華商。旅歐華人移民基督教並非海外華人的精英組織。相比而言，海外商會、協會和同鄉會主要構成了華商精英活動的平台，而華人移民基督教本質上是僑民信徒自我建構的一場民間運動。

一個高度中國化本土化的基督教能否為中國僑鄉和海外僑民社會提供一種適應全球變遷的價值觀，這是人們十分關注的問題，也是一個需要通過實證研究進行檢驗的學術議題。隨着中國在國際政治經濟格局中的地位躍升，中國的基督徒，尤其是從事全球商業的商人信徒群體在紮根異域努力在海外創業的同時，愈發強調中國要在全球發展中扮演更為積極的角色。中國基督教隨華人移民輸出到海外，這既是一個中國基督教全球化的例子，同時也賦予基督教中國化以新的含義。正是在中國經濟全球化的大背景下，旅歐華人基督教融合了個體華商的家、教會屬靈的家與中華民族的大家庭，從而凸顯了華商的家國情懷，這與以「同化」為主要進路的美國式移民宗教構成鮮明對比。

現階段歐洲華人移民基督教的最大特色是依託於華人家庭與華人商城的社會經濟紐帶的放射性發展模式，而這與中國經濟全球化進程的不斷加速是分不開的。華人移民基督教已成為海外華人訴說中國故事的重要制度性依託；教會為華人移民的社區活動提供了穩定的日常平台，以使參與者在多元文化的環境下實現經濟社會的融入。在此基礎上，基督教信仰不僅與中國價值觀與情感的表露並不相悖，而且對後者具有積極鼓勵的影響，成為凝聚家國情懷的紐帶。本研究並不限於一個特定地點的華人信徒群體，而主要以遍佈法國與義大利的溫州華人教會系統以及系統內的基督徒為研究對象。本研究是基於在多個華人教會以及基督徒生活日常中收集的民族志材料，[1] 來敍述一群忙於生計的非精英華人基督徒，如何通過中國式的基督信仰實踐，抱團協作，在跨國遷移和不斷流動中構建具有情感與意義的華人原籍社群的過程。

1 本文中涉及義大利的部分田野材料，由研究助理林黎君在 2014 年至 2016 年間搜集所得。

第一章

轉凡為聖的社會關係格局

在中國經濟全球崛起的過程中，華人移民基督徒商人已在海外華人社會中建立了一套中國化的信仰實踐模式。尤其在歐洲世俗性的背景下，他們的經濟生活與宗教生活充滿了交集，在旅居國體現了較強的民族性。[1] 海外研究中國的人類學者強調了禮物實踐和商業交換之間的對比及其如何調解矛盾的辯證關係。[2] 浙江移民為主的歐洲華僑基督教社區的確在很大程度上依賴於一種非市場關係和道德，建構了一種儀式經濟。這個散居海外的中國商人群體的發展存在着內在的張力。這是一個緊密聯繫的內卷式社區，但又具有

---

1 曹南來、林黎君：〈經濟全球化背景下的華人移民基督教：歐洲的案例〉，《世界宗教研究》，2016 年第 44 期。

2 例如 Mayfair M. Yang, *Re-enchanting Modernity: Ritual Economy and Society in Wenzhou, China* (Durham and London: Duke University Press, 2020).

着全球聯繫。他們同時致力於神聖性的營造、家庭傳統的維持和城市商業現代性的探索，這標誌着當地以地方性身份為基礎的基督教的全球適應能力。如果這樣一個離散宗教團體只遵守超然和神聖的原則，而不進行商業參與，就很難在世俗化的歐洲為其靈性精神的存在和成長獲取一個獨立的都市空間。如果這個群體的成員只注重發展市場關係，而把宗教純粹視為一個融資和商業生產的平台，那麼這個由經濟行動者組成的群體就難以為繼，而且由於缺乏共同的文化認同，可能會面臨解體。

宗教在流動的人群中通常扮演較為突出的角色，這也表現在基督新教上。近代以來，中西文明交流史上所記載的西學東漸與東學西傳，往往都是以西方傳教士群體為主要刻畫對象。早期西方基督教首先隨傳教士來到人員流動性較強的中國東南部沿海省份，而海外中國僑民社區往往比中國境內的社區更容易接受基督教。這一外來宗教已漸漸與中國社會文化相結合，在僑居地成為中國化的基督教，伴隨民眾的國際遷移進行跨國的傳播與發展，在部分國家已然成為凝聚華人華僑的重要紐帶。[3] 這一民族宗教現象在近代東南亞地區表現得更為明顯。華人教會與基督徒長期以來尋求在基督宗教非主流信仰的東南亞社會中以中國文化的方式表達基督教信仰。[4] 雖然以儒釋道及民間信仰為基礎的傳統宗教仍然居於東南亞華人宗教信仰中的主流地位，但華人基督徒的比例增長迅速，近三十年來其增速已高於東南亞和世界基督徒的整體增

3 Ryan Dunch, *Fuzhou Protestants and the Making of a Modern China, 1857-1927* (New Haven: Yale University Press, 2001); Jifeng Liu, *Negotiating the Christian Past in China: Memory and Missions in Contemporary Xiamen* (University Park: Penn State University Press, 2022); Fenggang Yang, *Chinese Christians in America* (University Park: Penn State University Press, 1999)；曹南來、林黎君：〈經濟全球化背景下的華人移民基督教：歐洲的案例〉，《世界宗教研究》，2016 年第 4 期；李榭熙：《聖經與槍炮：基督教與潮州社會（1860－1900）》（北京：社會科學文獻出版社，2016）；張鐘鑫：〈近代東南亞華人基督教跨國網路研究〉，《東南學術》，2015 年第 5 期；朱峰：《基督教與海外華人的文化適應：近代東南亞華人移民社區的個案研究》（北京：中華書局，2009）。

4 Jean DeBerdardi, *Christian Circulations: Global Christianity and the Local Church in Penang and Singapore 1819-2000* (Singapore: NUS Press, 2020)；Jifeng Liu, "Proselytising the Indigenous Majority: Chinese Christians and Interethnic Relations in East Malaysia", *Anthropological Forum* 31 (2021), pp. 186-204；蘇精：《基督教與新加坡華人 1819－1846》（新竹：清華大學出版社，2010）。

速。[5] 華人基督教是如何依託血緣和地緣為基礎的傳統人際關係與鄉土社會網絡進行跨國傳播的？華人信徒是如何處理信仰的中國化表達與基督教的全球化趨勢之間的張力的？本章所述的旅歐溫州基督教的故事，也是中國基督教的全球化傳播與海外華人世界的基督教中國化現象。

毫無疑問，對於以商人為主的中國移民，尤需側重從經濟的視角綜合社會文化諸因素來整體考察其間宗教的流動性。畢竟，經濟因素是驅動移民遷徙的首要原因。經濟因素長期以來一直主導着中國民間的移民模式，這從歷史上中國與東南亞漫長頻繁的互動中可以看出。[6] 這種經濟網絡和宗教傳教網絡相互交織、互為表達的模式，是詮釋華人基督教在海外傳播的邏輯、路徑與機制的關鍵因素。

歐洲的華僑華人在中國的原居地以浙江溫州地區

---

5 張鐘鑫：〈當代東南亞華人基督徒數量的估算與評析〉，《世界宗教研究》，2018 年第 1 期。

6 王賡武：《華人與中國》（上海：上海人民出版社，2013）。

為主。[7] 不同於來自閩粵地區的移民，溫州移民由於缺乏長期的海外定居經歷，他們中的許多人缺乏融入歐洲社會的動力。在他們看來，一方面中國的全球政治和經濟地位現在與歐洲不相上下；另一方面，針對中國移民的仇外情緒和種族主義近年來似乎也在上升。本章將民族志田野調查與話語分析相結合，以考察歐洲華僑華人的移民、宣教和商業實踐。自 2009 年以來的十多年內，筆者多次前往法國和義大利實地收集溫州移民基督徒的商業和宗教活動的第一手資料，並利用在法國和義大利訪學的機會進行田野調查。在當地研究助理的幫助下，筆者得以接觸並參與到這些移民的宗教與社會生活，進入包括他們的教堂、家庭、商舖以及婚禮和葬禮等活動場所與空間，進行參與觀察和生活史訪談。在新冠疫情期間，筆者依靠網絡平台收集了一些歐洲華人教會線上佈道的資訊。

通過跨國田野調查發現，一個高度中國化的基督

7 李明歡：〈歐洲華僑華人研究 70 年〉，《華僑華人歷史研究》，2019 年第 3 期，頁 22。

教已經紮根於「後基督教」的歐洲，其獨立自主的宗教發展空間，令其與歐洲當地的教會和基督徒並無多少交集。根據移民教會內部人士的各種估計，歐洲大約有三百多家華人教會。歐洲的這些中國基督徒與北美的華人基督徒一個很大的區別在於，他們大多不是新皈依者，而是在中國已經具有基督徒身份。筆者在前文中指出了法、義兩國華人基督教適應策略上的異同，強調其與世俗歐洲社會間的張力。[8] 筆者希望在既有民族志研究基礎上，對華人群體的信仰與實踐進行更深層的討論、解讀與理論昇華，專注於挖掘華人基督教的內在發展動力與邏輯，並從跨宗教比較的角度論證基督教傳播的獨特性。

從歷史上看，中國人對世界基督教宣教運動的貢獻頗為有限，而中國內地一直是海外教會和教會組織宣教活動的「禾場」與接收方。近年來，隨着國際形勢變遷，中國與歐洲加強商貿交流與聯繫，以及全球基督教發展重心的轉移，中國基督教宣教運動的方向

8 曹南來、林黎君：〈經濟全球化背景下的華人移民基督教：歐洲的案例〉。

也發生了巨大的轉變，從西方宣教團體主導的專注於中國少數民族的事工，漸漸轉變為華人信徒推動的全球宣教運動。這種轉變在很大程度上得益於旅歐華人基督教商人的跨國福音網絡與神聖空間的拓展。

歐洲華人基督教的個案對理解全球基督教的傳播機制與地方適應具有重要理論意義。早期基督教的快速發展與跨地域傳播，常被認為是其宗教特質上的相對優越性使然，尤其體現了其教義與宗教倫理道德上的比較優勢。[9] 這一宗教本位的解釋被不少西方宗教社會學者所接受。但對研究基督教為非內生宗教傳統的華人群體和華人聚居地區並不一定適用。這裏我們將利用對海外華人華商研究的成果，並基於作者在歐洲進行的人類學田野調查，尋求一個新的理解基督教跨區域傳播的概念分析框架。

溫州基督徒商人與其中國家鄉社區保持着緊密的聯繫，這一聯繫需要從中國家族企業的歷史軌跡、經濟全球化的力量以及跨國流動性的影響幾方面來綜合

---

9 這方面最有影響的研究當屬羅德尼・斯達克著，黃劍波、高民貴譯：《基督教的興起》（上海：上海古籍出版社，2005）。

考慮。[10] 移民和客居是溫州改革時期經濟成功的重要手段。自 1978 年中國對外開放以來，當地人移民海外創業致富的強烈願望得以實現。大眾媒體上曾出現如「溫州人如何佔領歐洲」這類聳人聽聞的新聞標題。[11] 今天，溫州商人幾乎作為全球最知名的中國商人群體，經營着服裝廠、餐館和咖啡廳等家族企業，並在中國和整個歐洲大陸零售或批發服裝鞋帽、布匹、眼鏡和打火機等低端輕工業產品。筆者在歐洲進行田野研究期間遇到的幾乎所有平信徒教會領袖都有家族企業，一些商業精英在歐洲和中國之間來回奔波，從事國際貿易。訪談對象裏沒有一例是純粹出於宗教目的移居到歐洲。正如羅馬的一位溫州籍傳道人對筆者説的，「我 91 年過來的時候這裏就有這個教會

---

10 參見 Nanlai Cao, *Constructing Chinas Jerusalem: Christians, Power and Place in Contemporary Wenzhou* (Stanford, CA: Stanford University Press, 2010)；Nanlai Cao, "Renegotiating Locality and Morality in a Chinese Religious Diaspora: Wenzhou Christian Merchants in Paris, France", *The Asia Pacific Journal of Anthropology* 14 (2013), pp. 85-101.

11 〈溫州人如何「佔領」歐洲〉，《界面新聞》2017 年 8 月 24 日，https://www.jiemian.com/article/1572655.html，瀏覽日期：2023 年 6 月 16 日。

了，在羅馬，只有四五十人。但是我們當時過來不是為了信仰，溫州那時有一句話說，歐洲遍地是黃金，那對於我們是多大的誘惑，中國過去太窮太落後了，91 年還是很落後。來到這邊就發現這邊的工資很高，我們的辛苦主要是因為一開始沒有居留證，只能給中國人打工。」[12] 經過幾十年的旅居，大多數在歐洲的溫州商人仍然持有中國護照，而長期的歐盟居留證則允許他們在歐洲大陸自由旅行。

華人移民基督徒商人在歐洲世俗性背景下的經濟生活與宗教生活充滿了交集。溫州移民為主的基督教社區的確在很大程度上依賴於一種非市場關係和道德為基礎的儀式經濟。這個散居海外的中國商人群體的發展存在着內在的張力。陳劍光（Kim-Kwong Chan）曾這樣描述歐洲溫州商人基督徒群體中信仰與地方性商業實踐的結合：「溫州商人主導着歐洲的華商群體，而這個群體中的教會更多的是由在中國紮根的溫州人建立的，而不是由海外傳教機構建立的。他們向

12 出於研究倫理考慮，文中所有訪談對象的姓名或使用化名，或已被隱去。

擁有與他們相似語言和文化背景的其他商人傳教。他們的教會模式幾乎就是溫州家鄉教會的複製品。讚美詩和聖經都是從中國帶來的。即使他們就可能居住在歷史上或當代的基督教中心或其附近，他們的教會生活和活動似乎與東道國的基督徒相隔數千英里和數百年。」由此可見，這些移民教會很大程度上是中國基督教的全球延伸，而不是中國移民對歐洲主流基督教信仰的在地化表達。[13]

地緣紐帶的重要性在不同的海外中國宗教中都有體現。歐洲的華人社區中，基督教與佛教都有較強的制度性的存在，都在一定程度上滿足着新移民對故土、原籍認同的文化需要。[14] 基督教會和佛教寺廟在傳承再現中華民族性與調動散居國外的社區資源和能量方面也發揮着類似的作用。但是，佛教寺廟不太可

---

13 Kim-Kwong Chan, "Missiological Implications of Chinese Christians in Europe", in *China Source Quarterly* (Summer, 2012), https://www.chinasource.org/resource-library/articles/missiological-implications-of-chinese-christians-in-europe/, accessed on 16 June 2023.

14 王春光：《移民空間的建構：巴黎溫州人跟蹤研究》（北京：社會科學文獻出版社，2017），頁142－156。

能為男性商業精英提供參與的平台。移民教會是一個「非公民」的公共空間與多功能社區中心，而散居國外的中國佛教徒似乎更關心的是日常實用性、積功德和慈善捐贈，而不是象徵性的社會參與。以華人會館為依託的佛教寺廟（或佛教會館）因空間有限，在鼓勵和容納移民的大規模參與方面所做的也少得多，信徒大多只在初一、十五或節假日來燒香，參與大型法事活動的香客缺乏會眾的委身感。[15]

就民間廟宇型宗教而言，更相對缺乏一個供陌生人參與的公共社會空間。范正義筆下的馬來西亞海南會館天后宮頗類似於歐洲的華人會館佛教，都反映了全球華人社區中區域地緣紐帶的重要性。[16] 只不過後者主要旨在服務於馬來西亞華人在當地的族群政治需要，以抗衡馬政府的伊斯蘭化政策。在構建在地

15 Zhe Ji, "Buddhist Groups among Chinese Immigrants in France: Three Patterns of Religious Globalization", *Review of Religion and Chinese Society*, 1 (2014), pp. 212 - 235.

16 范正義：〈全球背景下的神明標準化 —— 馬來西亞雪隆海南會館天后宮的個案研究〉，《世界宗教研究》，2022 年第 11 期。

羅馬郊區的溫州人教堂（照片由作者所攝）

族群文化資源方面，民間宗教扮演了重要角色，但也面臨全球華人信仰中主流文化的壓力。人類學者周越（Adam Y. Chau）認為，以家庭為基礎的民間宗教往往不信任父系以外的任何人。[17] 然而，基督教通過強調陌生人的宗教意義和人的命運由上帝所主宰（即「上帝是一家之主」的信條），似乎為華人提供了最為擴展的信任網絡和有組織的社交生活。佛教徒因為業力或因果報應的觀念，更強調公共服務和社會慈善；基督教會則更強調平信徒的參與，提供各種社會服務和文化活動，如葬禮、婚禮和語言學習。新教中的平信徒領袖地位普遍很高，這讓溫州商人可以在教會界擁有道德和精神權威，而商人很難獲得佛教組織的領導職位（部分原因在於漢傳佛教教義對神職人員獨身的強調）。這是巴黎溫州商人出資成立的法華寺在 2003 年邀請一位台灣女法師負責廟務的主要原因之一。

17 Adam Y. Chau, "Household Sovereignty and Religious Subjectification: Comparing the Idiom of Hosting in Chinese and Christian Religious Cultures", *Studies in Church History*, 50 (2014), pp. 492-504.

無論是移民的民間信俗網絡還是文化協會，似乎都不能像基督新教那樣有效地大規模容納平等和公開的大眾參與。對於在語言和文化上面臨障礙的新移民來說，這很可能是他們在海外參與社區政治與公共事務的唯一機會。雖然會眾式基督教在很大程度上根除了傳統父系、父權制中國式家戶的能動性（agency），確立了「上帝的主權」（sovereignty of God），但它並沒有完全消除家戶這一隱喻或父系的文化邏輯的影響。一方面，散佈海外的華人移民教會是許多相互依存的父系、父權制家戶的集合體。另一方面，作為社區公共空間的教會與眾多個體家戶構成依託於華商離散社區的相互嵌入的同心圓。從鄉土社會進入全球經濟格局的過程中，華商家戶之間借助教會這一結點，彼此建立或強化了基於血緣與地緣的傳統差序式鄉土人際關係。[18]而個體家庭的私人性與離散社區的公共性在教會空間中得以實現調和與統一。

---

18 有關差序格局這一概念，參見費孝通：《鄉土中國》（北京：北京出版社，2004），頁 29－40。

作為全球基督教組成部分的海外華人基督教，其在空間地理上的高度流動性，很大程度上得益於一種「標準化」的聖俗區隔。人類學者喬爾・羅賓斯（Joel Robbins）強調基督教的可轉換性（或轉譯性）（transposability）在於其宗教宇宙觀內置的超越與日常領域的斷裂（radical discontinuity），他以五旬節靈恩派為例，說明為什麼基督教信仰可以全球傳播，在不同的地方文化框架下紮根，並保持其自身完整的信仰內核。[19] 對於許多認可和內化了全球經濟等級體制的來自沿海鄉村的華人來說，這種「標準化」的基督教宇宙觀結構反映了全球市場經濟中邊緣農村的地方性和現代全球中心之間的分裂。對於第一代移民，他們經歷了艱難險阻去尋求進入這一中心。儘管他們由於各種文化和結構性的限制，永遠無法真正在異國他鄉感到「賓至如歸」，這種道德空間想像在為其跨國

19 Joel Robbins, "Is the Trans- in Transnational the Trans- in Transcendent: On Otherness and Moral Transformation in the Age of Globalization", In T. Csordas ed., *Transnational Transcendence: Essays on Religion and Globalization* (Berkeley: University of California Press, 2009), pp. 55-71.

流動提供合法性的同時，也為移民提供了一種建構日常生活意義的方式。華人移民並不滿足於這種自身被疏遠的社會宗教等級制度，在感歎歐洲人「遠離基督教」和「素質下降」的同時，通過尋求延續早期歐洲教會的傳統和遺產，將自己定位在全球基督教的新中心。這種分裂的道德情感最鮮明地體現在華人教會的「遊客福音」事工上，這項發起於義大利羅馬的華人教會事工，旨在選擇一些歐洲歷史和旅遊古跡景點，向遊客發放免費導遊書與福音單張，組織遊客參加使徒保羅腳蹤遊，羅馬也因此越發成為華人信徒的一個朝聖中心。其主要的旅遊產品有這樣一段宗教性的描述：「當偉大的使徒保羅決定在國外傳福音時，聖靈引導他到馬其頓，這奠定了歐洲基督教的基礎。在隨後的幾千年裏，福音在歐洲各民族中傳播開來，孕育了歐洲文化和歷史，並成為一股不可忽視的力量。福音，就像蒲公英的種子，已經分散到世界的每一個角落。」

除了為來自中國的遊客提供特別定制的宗教旅遊服務外，華人基督徒開辦的旅遊公司還經常為華人教會成員和來自世界其他地方的華人牧者所使用。有時，他們為那些能夠帶來潛在皈依者的客戶提供折扣服務，從而在華人飛地經濟（enclave econonmy）的大結構中建立起一個民族、宗教和商業的節點。他們還經常組織中國遊客到耶路撒冷旅遊朝聖，既有直接從中國到耶路撒冷的路線，也有以歐洲為始發地的路線。其中曾主打一個名為「恩典之旅」的旅遊產品，即自溫州出發，在以色列華人基督徒導遊陪伴下，跟隨耶穌的足跡到耶路撒冷進行為期八天的聖地旅行。

在結合觀光旅遊與宗教傳播上，華人教會也利用世俗化的都市空間舉辦一些特會。2018 年夏天在羅馬市中心的古競技場，義大利華人教會舉辦了吸引數千人參加的華人福音音樂會。這個名為「愛在羅馬世紀音樂會」的活動，旨在紀念使徒彼得和保羅殉難一千九百五十年，是華人信徒在歐洲的第一次大型公共活動。它強調在歐洲文明腹地呈現中國化基督教特徵，其參演人員、物資、資金很大部分來自於內地教會。選擇古競技場作為音樂會的舉辦地，正如主持人和傳道人在整個活動中反覆強調的那樣，這裏曾經是古羅馬時期基督徒受到尼祿皇帝迫害的地方，而現在正是在這裏，中國基督徒和中國教會正在榮耀上帝，傳播福音。該音樂會以一部短片開場，介紹了中國商人在改革時代從溫州移民到歐洲的歷史，並將福音活動很自然地置於中國經濟全球化的背景下。當華人基督徒歌手在舞台上高唱"our God, our God"時，數千參與者跟隨着節奏揮舞着手臂，創造了一個「集體歡騰」的時刻。在這一時刻，在這個世俗的城市空間裏，中國信徒聲稱擁有神聖的空間和時間，試圖用歐洲和《聖經》的歷史參照物來浸透中國人的身份和體驗。

這一嘗試也象徵性地標誌着全球基督教空間結構的轉變。同時，在文化象徵意義上，此次活動也使中國移民得以宣稱和維護他們在這個多元都市中居住的權利，使他們在這一西方大都市的存在更具可見度與文化合法性。當地報紙 *La Stampa* 隨後在其世界新聞版面刊登了一篇題為"Chinese evangelical Christians in Rome, in memory of the martyrs"的詳細報道，進一步確認了他們的存在感。研究道教跨國旅遊和傳播過程的宗樹人（David Palmer）指出，神聖化（sacralization）的工作原理是「通過這個過程，有意識的身體被物理地吸引到一個地方的重要特徵的存在和記憶中，從而區分景觀，產生經驗，豐富記憶，為未來的信徒走同樣的道路指路」。[20] 這些宗教旅遊與身體實踐活動，在一定程度上改造與影響了歐洲的世俗化都市空間。

在本世紀初以來，由於去殖民化、人口變遷與經濟增長的影響，以及歐盟作為自由貿易與移民區的發展，歐洲已經愈發成為吸引包括中國人在內的世界各地新移民的目的地。[21] 華人移民基督徒商人群體很好地結合歐洲的宗教文化遺產與商業旅遊資源，為當地都市空間帶來再聖化（resacralization）的過程。[22] 不同於穆斯林新移民時常引起歐洲當地社會的敵意與排

---

20 David Palmer, "Transnational Sacralizations: When Daoist Monks Meet Global Spiritual Tourists", *Ethnos* 79 (2012), p. 172.

21 Mathias Czaika and Hein de Haas, "The Globalization of Migration: Has the World Become More Migratory?", *International Migration Review* 48 (2014), pp. 294. 有關近來中國人移民歐洲的趨勢分析，參見 Mette Thunø and Li Minghuan, "Introduction: New Dynamics of Chinese Migration to Europe", *International Migration* 58 (2020), pp. 5-21.

22 有關「再聖化」的討論，尤其是歐洲狀況的介紹，參見 Grace Davie, "Resacralization", In Bryan Turner (ed), *The New Blackwell Companion to the Sociology of Religion* (Chichester, West Sussex: Wiley-Blackwell, 2010), pp. 160-178.

外情緒，華人基督徒尋求適應（而非在文化層面融入）當地的多元宗教文化中，並保持中國的文化身份與認同。

第二章

與世俗西方分別為聖的中國式皈信

基督教是一個二元論的宗教，對聖與俗、靈與肉的二元區分十分強調。二元對立的思考方式，讓這些同時強調宗教信仰和家國認同的華人基督徒，有時也面臨二者間的張力。他們會在儀式或異象中，試圖與過去「拜偶像」以及中國傳統劃清界限。然而這種邊界是模糊重疊的，他們依舊是中國式的皈信。第一代基督徒的家國認同是在中國式的皈信和移民生活中逐漸被深化的。他們在義大利的生活狀態可稱為是「適應而不融入」。這種生活狀態並沒有加劇處於社會邊緣的華人基督徒群體的不適感，反而成就了他們引以為豪為傲的族群文化自信和信仰自信，在教會的獨立社會公共空間中，為自己打造了一個相對封閉的舒適區。在此過程中，他們對二代疊合了宗教認同與家國認同的教育也慢慢形成，群體性的封閉狀態沒有隨着華人基督徒後代的長大而逐漸開放，華人基督徒後代也漸漸自適了父母輩「適應而不融入」的移民模式。

從家庭而來的信仰，對於那些「信二代」甚至「信三代」來說，起初是一個被動的選擇。但在父母忙於生計而缺位的家庭中，他們很多時候不僅得不到父母的關懷和說明，反而需要早早地自我成長。基督信仰是他們自我調適的成長支持，甚至在此過程中，他們和父母都在信仰上得到了共同成長。以下是三個青年弟兄姊妹的見證。

為生活的奔波勞碌，以及不高的文化教育水準，讓這些農村來的一代華人基督徒在教導孩子上的能力是有限的。有的孩子在基督教中完成了中文和基督信仰的自我啟蒙。身在羅馬的一位姊妹作了如下的分享：

> 我七歲剛來義大利的時候，我媽媽在工廠做工。早上我上完課回來，下午沒事幹，也沒有人管我。我媽媽給我一個帶子（磁帶）和機器（答錄機）。那個帶子全部都是兒童讚美詩，唱着小羊小羊的。我沒有別的東西可以玩，就只有那個帶子，

每天聽每天聽，一整個帶子我都能夠背下來。後來大了些，開始認字了。我很喜歡看書，可是覺得家裏那麼窮，買書會增加爸爸媽媽很多的負擔。我最喜歡跟媽媽去逛那種大超市，她逛她的，我就在那個賣書的地方看書。因為我很小，也不會有人管我這個小孩到底買不買，我就一直在那裏看。可是她並不常去大超市，我也只能在那時候才有機會看書。有時候去我阿婆（爺爺的妹妹）的批發衣服的店裏，每天都會有中文的華文報送來，我可以看一下，而且她的店離東區教堂很近，我可以去那裏看《聖經》。

羅馬東區教會建立了一所中文學校，是羅馬歷史最悠久的中文學校。不僅採用和國內小學同步的課本，還從國內聘請老師，讓華人孩子、甚至義大利孩子接受與中國無異的教育。這無疑是具有強烈國家意識的實踐。蔡傳道在談起教會建立中文學校的初衷時是這麼説的：「我們剛來的時候，這裏有更老一代的華僑的孩子。他們只講義大利文，不講中文，我們不會義大利文，沒有辦法跟他們溝通，就想着要辦中文教育。」只是為了跟華人孩子溝通的質樸願望，成為他們辦中文學校的動機。他們的愛國熱情在義大利的生活中被強化，蔡傳道說：「其實海外的華人更能體會到什麼是愛國。我們在這裏將近三十年的經歷感受到，國家民族如果不強大，無論你在哪裏，無論你多富足，都會被人瞧不起。國家民族強大，才能使我們這些華人有地位。你看三年前，這裏哪裏有什麼中文，但是現在火車站、飛機場，到處有中文的提醒。我們教會中文學校，本來是中國人學的，現在很多義大利人都把孩子送過來學中文了。」正因為中國強大了，蔡傳道認為在不久的將來中文可以變成跟英文一樣，成為一種世界語言，到那個時候，他們就可以用中文向別的國家的人傳福音了。[1]

---

1 在義大利，華人教會辦中文學校愈來愈成為一種有着高度民族意識的實踐，在一些沒有中文學校的地方，華人教會主動擔負起華人孩子的中文教育責任。例如，M 教會是一個只有約十家人組成的小型教會，他們聘請三名中文教師，教授 M 所在地區大約五六十名華人孩子中文。大多數孩子都來自非基督徒家庭。學習中文的孩子需要交納一定的費用，但這些費用並不夠中文學校的開銷，經費空缺都由奉獻而來。教會同工稱，他們雖然也希望借此機會將福音傳播開來，但將自己的語言傳承下去是他們的首要目的。

羅馬華人教會外的青年（照片由作者所攝）

羅馬華人教會辦的中文學校（照片由作者所攝）

在以天主教為主且日漸世俗化的義大利，華人基督徒深知向義大利人傳福音的必要性和緊迫性。無奈於生存的勞苦和語言的不通，他們將這一傳福音的希望寄託在青年二代身上，這一話題在講道和教會活動中被不斷強調。然而一直處於由教會所造的族群舒適區的青年基督徒，教會系統已經極大地滿足了他們的社交需求和參與公共生活的需要，雖然他們在義大利長大或者出生，卻沒有什麼義大利朋友。高度沉浸在華人社群中的狀態，使青年基督徒與祖籍國的社會和文化密不可分，甚至在他們的信仰實踐中，與第一代基督徒的保守實踐產生張力。他們與基督徒朋友唱詩禱告，也與他們談論時下中國流行的事物。[2] 因此，在這樣環境中長大的青年基督徒，雖然自知向義大利人傳福音的重要性，但大多數坦言他們更願意向中國

2 Karen J. Chai 對美國韓裔二代基督徒的研究指出，一代移民基督徒選擇民族教會是不得已為之，而沒有了語言障礙的二代基督徒依然選擇民族教會，是因為民族教會是他們的民族性與靈性合而為一之所，他們在那裏可以和那些與自己有着相同文化背景的人在一起。Karen J. Chai, "Competing for the Second Generation: English-Language Ministry at a Korean Protestant Church", in R. S. Warner and J. G. Wittner eds., *Gatherings in Diaspora*, Philadelphia, PA: Temple University Press, pp. 295-330.

人傳福音。正如義大利華人教會宣教中心在其宣傳冊上所宣誓的異象與使命，「到所有中國移民地區或城市去開拓教會，建立各地華人基督徒的網絡或協助缺乏資源的華人教會，並在國內協助主內肢體去向未得之民之地宣教，一起完成主的大使命！」

義大利華人基督教會曾多年來在雲南協助宣教事工，幫助當地建立教會。每年暑假，華人教會都會組織基督徒青年去雲南「短宣」。「短宣」的作用是雙向的，一方面幫助了當地教會，另一方面，也增強了基督徒青年的信仰委身和與祖國的聯繫和感情。對於那些去到雲南落後的山村中的華人基督徒青年來說，「短宣」就是一場憶苦思甜的「屬靈」之旅。傳福音和幫助祖國同胞的熱情在「短宣」的過程中被點燃。得益於歐洲一體化，義大利華人教會還積極主動地派遣同工到馬爾他、比利時、匈牙利和保加利亞等地講道，幫助當地華人建立教會。這種跨國派工和義大利國內的派工一樣，在華人教會的派工單上被固定下來，是派工單的一部分。被派到國外講道的同工一般都是講得比較好的。一個經常被派到國外講道的同工認為，這種互助是非常必要的，他們也有意識地培養年輕一代的基督徒，讓他們進行試講操練，以在將來讓更多的年輕基督徒參與到華人協助共建教會的事工中。

隨着時間的推移，勤勞的族群特質讓華人在義大利的生活日漸富足，以家庭為單位的華人企業也成為義大利經濟中不可缺少的重要部分，一些學者聲稱華人移民已經在經濟上融入了義大利。[3] 如果真如學者研究的那樣，義大利華人在經濟上融入了義大利，那麼通過我們對華人基督徒群體的研究，可以管窺華人在義大利的融入是有限的，至少不是主動性融入，中國式的海外基督教實踐成為阻止他們被義大利主流文化同化的屏障。

在中國，以基督教為代表的「洋教」和其他「土教」的二元區隔是明顯的，很多溫州基督徒也因此將基督教視為一個極具現代性的宗教。但是，當這些華人基督徒移民在經歷東西方文化的時空變遷中接受或深化基督教信仰，並在一個西方國家立足後，基督

3　義大利華人移民在經濟上的融入，可參見莫納什大學普拉托中心（Prato Centre）的一系列研究成果。

教並沒有成為他們融入西方文化的途徑，反之，他們通過基督教建構了一個封閉性的華人社區。移民是有着強烈主體能動意識的行動者。高度流動的義大利華人基督徒所建立起的縱向華人教會系統和基督信仰實踐，既與他們的抱團適應相一致，也是他們權衡宗教生活和經濟生活的結果，展現出了與北美和歐洲其他國家華人基督教不一樣的特點，是他們對自身處境差異性適應的彰顯。和商會、同鄉會等為華商精英搭建的活動平台不同，義大利的華人基督教會是一場精英缺席的大眾運動。遍佈義大利的華人基督教牧區體系滿足了散居各地的非精英移民的社會參與需求，並使他們能夠隨工作遷移而輕易在統一的體系內實現宗教上的跨地區流動並找到新的聚會點。通過排他性的信仰和穩定重複的集體生活，以及在與世俗化的主流社會文化間有意識地製造張力，他們在跨國遷移和流動中實現了一個創造意義的過程，也構建了一個具有情感與意義的華人宗教離散共同體，獲得了靈性的歸屬、情感的依靠、族群的凝聚和家國的認同。

華人基督教在一個漸漸世俗化的歐洲有如此顯著的發展，與其依靠家國紐帶的發展模式密切相關。這一點特別需要在中西文明對比的框架下進行審視。正如羅伯特·貝拉（Robert Bellah）所指出的，家庭在中華文明中佔據着核心地位；相比而言，建基於傳統基督教文明之上的當代西方社會，在已知社會形態中與家庭的關係最為疏遠。[4] 費孝通使用差序格局與團體格局這一對概念形象地表述了中西方社會關係模式的不同，並強調家庭與家族在中國人社會關係圈層及道德體系中的核心位置。[5] 楊慶堃（C. K. Yang）則對中西文明觀與宗教觀做了更為清晰細緻的區分，以凸顯傳統中國的國家與家庭概念之神聖性。[6] 他將統治中國社會的宗教形式界定為分散性宗教或彌散型宗教（diffused religion），以之與西方社會中以制度化宗教（institutional religion）為主導的情況進行區隔，並指出前者的宗教功能通過中國社會的家族制度和帝國政治體系發生作用。在家庭層面上，每個傳統的中國家

4 Robert N. Bellah, *Beyond Belief: Essays on Religion in a Post-Traditionalist World* (New York: Harper & Row, 1970), p. 78.

5 費孝通：《鄉土中國》，頁 29－50。

6 楊慶堃著，范麗珠譯：《中國社會中的宗教》（上海：上海人民出版社，2007）。

庭都是一個宗教的神壇。對擁有「天命」的天子而言，整個國家即類似一個大的會眾組織，而家庭則作為地方性的「教堂」。這一彌散於中國內生文化傳統中的宗教性同樣潛移默化地塑造了當今華人基督徒的信仰與社會實踐。

面對「多一個基督徒，就少一個中國人」的質疑，海外華人社會中的基督徒往往通過理性化和去宗教化的方式認識中國傳統中的彌散性信俗實踐（婚喪嫁娶、祖先祭祀、風水實踐等），來達致基督徒心靈與中國人世俗精神的融合交匯，並使中國人的身份認同不與基督教信仰原則相衝突。[7] 不同於基督教文化主導下的北美社會，在高度世俗化的西歐，信仰基督教並不會帶給移民文化特權的地位，反而使移民基督教群體處在主流社會文化的邊緣。這從一個側面映襯了歐洲華人基督教的獨特處境，體現出全球化背景下中國化基督教作為海外華人民族身份認同之新的宗教依託的特質。現實中，歐洲華人教會的建立往往與中

7 郭思嘉（Nicole Constable）著，謝勝利譯：《基督徒心靈與華人精神》（北京：社會科學文獻出版社，2013）。

國經貿的發展同步，當信徒敍述華人教會歷史時，中國加入世貿組織往往是一個重要的時間節點，正是中國經濟的全球化進程的推進惠及到從事中歐商貿的華人移民，這其中也包括大量的宗教信徒，他們的商業財富很快流轉到宗教領域，成為海外華人宗教空間拓展的重要物質基礎。依靠愈發強大的祖國作為在異域發展宗教事業的後盾，已成為不少歐洲華人信徒的現實認知與有意識的策略。

華人基督教身份通常是在高度受控的社區與家庭環境中代代相傳。歐洲華人基督教的發展與經營運作借鑒了中國移民家庭和家族企業模式。父系家庭是移民教會的基本組成部分，家族企業為教會的各種功能提供必要的物質支援。一個家庭經營皮具作坊的年輕傳道人告訴筆者，「家庭非常重要。新的教會通常是由幾個核心的基督教家庭開始的。如果該地區有四、五個基督教家庭，大約十個基督徒左右，就可以開始一個小型的教會聚會，並保持其運行，直到更多的人加入。這就像開餐館，你需要先有個地方，這樣人們才能來，他們需要知道有這樣一個地方的存在」。

旅歐華人教會是以個體華商家庭為單位進行發展

的移民組織，也常以家戶為單位計算教會規模。這個「家」不僅是一個總體性隱喻，而是嵌入在以華人商城經濟為依託的跨國網絡中的具有現實社會經濟功能和民間動員能力的堅實結點。這一結構性特徵也決定了它的全球適應性，與溫州人「四海為家」的創業精神相輔相成。華人教會網絡往往隨着人員的遷移和個體商業的擴張，遍及諸多歐盟國家。華人移民教會在一定程度上類似於海外華商自發建立的眾多商會和聯誼團體，共同表達了中國人特有的家國文化認同，並傾向於擬家族化發展以及強化自身與祖國的情感和制度紐帶。但華人教會在現階段的歐洲僑社扮演着一個較具動員和整合能力的市民社會組織角色，它的跨區域社會整合能力超越其他宗教及宗族組織、同鄉會等華僑組織。

華人教會往往成為新移民在海外可以自由參與的存在於家與國之間的最大的社會公共機構。就溫州人教會組織而言，它們在歐洲所獲得的房產資源都屬於華人社區的公共資產。對部分尚未取得合法居留權的無證新移民而言，移民教會為他們提供難得的進行公開討論和社會參與的公共空間。這種海外華人基督教的公共性和地方文化嵌入性，使其能夠在當地社區事務中扮演關鍵角色，形塑社區的信仰和價值觀，而教會領袖和積極份子則充當了地方精英的角色，在僑界和社區享有很大的影響力和聲望。在歐洲華人圈中，移民宗教組織的領袖因其能夠掌控、調動大量的社會經濟和人力資源，熱心於國內慈善事業，並致力於與中國使領館等駐外機構建立積極聯繫，而成為實際意義上的「僑領」。在國內發生的地震、洪水等自然災害的救援、善後及災後恢復重建活動中，時常可以看到歐洲華人教會的身影。一些華人教會領袖組織教會集中將募得的善款與物資由中國使領館轉交給災區或有需要的地方，這在很大程度上反映了海外僑領與國內保持着緊密的情感、社會與經濟紐帶，並尤為希望獲得中國官方認可的心理。這類教界僑領往往是旅居歐洲數十年、有較強經濟實力並且在僑社德高望重的華僑。他們在華人移民對當地社會的適應與融合方面扮演了重要的橋樑角色，形塑了以中國為原點、以華商經濟為依託的華人教會網絡的發展與運轉，並對海外華人基督教的傳播方式與路線起着決定性影響。由於這種教會精英往往會不斷移居去有新興商業機會的地方，導致他們的空間流動性強，這也造成教會發展上的不穩定性。在很大程度上，正是這種新環境中的不確定性，使得華人教會在其生存策略上更為珍視原生紐帶與網絡，尤其是家與國的支援。

第三章

塑造經濟生產力的道德話語

在學術圈內和大眾媒體上，人們對溫州人同鄉互助的文化精神有着廣泛的認識，將之視為溫州人經濟在國內外成功的法寶。[1] 溫州人作為中國改革開放後最早走出國門的一批商人群體，儼然成為中國在商業經濟領域勃興的一個全球性標誌，被西方媒體譽為「中國的全球弄潮兒」(China's global go-getters)[2]。今天的溫商某種程度上已經成為跨國界的中國海外經貿代理人。他們仍然以費孝通所歸納的「小商品，大市場」和「家庭生產」為特徵的「溫州模式」，[3] 不斷

1 參見蔡克驕：〈溫州人文精神剖析〉，《浙江師範大學學報（社會科學版）》，1999 年 2 期，頁 28－31；王春光、Jean Philippe Béja：〈溫州人在巴黎：一種獨特的社會融入模式〉，《中國社會科學》第 6 期，頁 106－119。

2 Don Lee, "China's Global Go-Getters," *Los Angeles Times*, March 12, 2007, p. A1.

3 費孝通：〈小商品．大市場〉，《浙江學刊》，1986 年第 3 期。

在全球拓展着中國的商業版圖。據溫州官方的統計數字，現有 230 萬溫州人商行天下。其中 60 多萬溫州人在世界五大洲 131 個國家和地區創業發展，170 多萬溫州人把溫州店、溫州街、溫州村、溫州城開遍全中國。遍佈全國和世界各地的溫州商會形成了溫州人的行銷網絡，年商品交易額高達 6,650 億元。[4] 另據溫州市僑辦幾年前統計，43 萬溫州華僑中有 34 萬僑居歐洲，而移民到義大利、法國、荷蘭、德國、西班牙五國的溫州人又佔全歐溫州華僑的 90% 以上。在歐洲五國裏，溫州華僑主要集中在義大利的普拉托和米蘭、法國的巴黎、荷蘭的阿姆斯特丹和海牙、德國的法蘭克福幾個城市。[5] 恰恰是這一超越國界、在全球範圍內活躍的溫州人經濟，在物質層面上促成了溫州基督教在全球的發展與擴張。

據粗略估計，溫州在巴黎的移民約有十幾萬人左

4 鄭海華：〈商行天下：230 萬溫州人闖出來的現代傳奇〉，《溫州日報》，2012 年 1 月 29 日。

5 李中：〈投資移民潮的溫州樣本〉，《經濟參考報》，2010 年 12 月 13 日。

右。[6] 據筆者統計，在大巴黎地區約有二十家以溫州移民為主的華人教會。雖然有不少溫州本地的牧師和傳道人會被邀請到巴黎的溫州移民教會短期講道和主持教會活動，但幾乎沒有溫州人是為了純粹的宗教原因而移民到西歐，他們中的大部分在國內已經是基督徒，為了實現致富夢而來到法國，從事小商品零售和批發貿易。巴黎有三條著名的「溫州街」，分別在廟街、美麗城和伏爾泰街。溫州人在那裏經營的皮具、首飾與旅遊紀念品商店林立。巴黎溫州移民社區內最大的一個群體，是來自於溫州郊區的著名僑鄉——麗嶴鎮。[7] 在二十世紀八十年代中期，隨着愈來愈多的溫州人從麗嶴移居到巴黎的 10、11、19 和 20 區，「溫州村」逐漸形成。一個溫州的傳道人將這一跨國人口流動描述為「把溫州一個村搬到了法國」。只有極少數人是從溫州的三個主城區（鹿城、甌海和龍灣）移民過來的，這就注定了移民需要經歷城鄉與中

6 王春光、Jean Philippe Béja：〈溫州人在巴黎：一種獨特的社會融入模式〉。

7 據當地華僑估算，現今麗嶴的四萬戶籍人口中，有一半居住在歐洲。

西的雙重文化過渡。

巴黎的溫州基督教不僅是一種普世文化的代表形式，也是海外移民形成的一種社群實體。宗教在巴黎溫州商人的社會生活中扮演着一定的角色，塑造了信徒在面對非法身份、道德權變、原籍忠誠及國家歸屬等問題時所持的態度及處理方式。這些移民的溫州基督徒在一個陌生的社會空間中，採取了一種宗教意義框架來支持他們的商業運作。溫州移民教會與西方教會和其他海外華人基督教社群不同的是，他們堅持自治原則，且與溫州家鄉的教會社群保持緊密聯繫。這與在歐洲的溫州移民群體的商業運作方式相似。[8] 例如，這些溫州移民教會會定期邀請溫州傳道人在歐洲用溫州方言講道，並支付他們差旅費用。巴黎最大的溫州移民教會「巴黎溫州教會」有一千多位受洗信徒，為溫州郊區建立的一所神學院奉獻了三萬歐元，並持續為招生和神學生在神學院的學習提供資金支援。這個移民教會也制訂了一條相關規則，即一旦收

8 王春光、Jean Philippe Béja：〈溫州人在巴黎：一種獨特的社會融入模式〉。

到任何溫州建堂要求資金援助的籲求，他們就會立刻捐獻一千五百歐元。巴黎較大的溫州教會團體都已經或者已計劃購置他們自己的聚會場所。對於溫州信徒來説，擁有教產就好像在巴黎擁有一個物質與屬靈的家園。跨地域溫州教會空間的增長，使得世界各地的溫州基督徒的道德聲譽都得到顯著提升。

巴黎溫州移民總人口中的基督徒比例仍未可知。筆者估計與溫州本土的基督徒比例基本持平。基督信仰對於是否移民的決定 —— 無論是以合法還是非法的方式 —— 幾乎沒有影響。事實上，移民和遷移的經驗往往會生成或加強個人的宗教委身度。有一些溫州移民會進行長達數月橫跨亞歐大陸的危險旅行，以偷渡來法，他們皈信基督教以尋求或感謝上帝保佑他們旅途安全。作為來法國後皈依的信徒，曉敏講述了她在來法旅途上的磨難與信仰見證，認為神揀選一個人，就會把他放在這樣一個特別的環境當中來塑造。她在一個寒冷雪夜，在蛇頭安排下，從克羅地亞偷渡到斯洛文尼亞的路上不慎跌落到一個冰窟窿裏，她回憶道：

那時候我整個人身上手上全部已經凍住了一樣，還有兩個外國人跟我們一起偷渡的，他們就過來左邊架一個右邊架一個，把我整個人這樣拉過去了，就這樣才過去的，後面繼續走，差不多走到那個交界處的時候，我們又在那裏等，等那些車過來把我們送過去。我就覺得在這樣的情況下，雖然我還不相信主耶穌，但是神讓我經歷這樣一個過程，我就想起我的婆婆對我講的一句話，她就說孩子，出去外面無論碰到什麼事情，當你驚慌或者有困難的時候你就叫耶穌，求你來幫助我，求你來救我，當我掉進去的時候，我第一個想到就是我婆婆對我講的這句話，我說「主啊，你來救我」，就這樣子。

曉敏在遭遇劫難那一霎那感受到神與她同在，她感到自己的信心被神建立了起來，並覺得真的世界上有一位神的存在。在跨越邊境的路途中每當她走不動了，她會祈禱神幫助她安全到達法國。

恩平是 1991 年來法的溫州傳道人與服裝商人，他在五十多天的路途中跨越了十三個國家。當他回想起那段無比艱辛的旅途，都十分感慨自己的幸運與所得到的上帝的恩典，宣稱：「這也是神的帶領的，非常奇妙的。所以我經常在講道的時候說，在《聖經》裏面，天使跟瑪利亞講，蒙大恩的女子，你是有福的，所以我是蒙大恩的男子，上帝特別祝福，特別賜福給我。」恩平的經歷可與十七世紀乘坐「五月花」客輪從英格蘭跨越大西洋登陸美洲大陸開創新生活的清教徒類比，他為自己的冒險經歷進行了富有宗教靈性色彩的詮釋：「上帝今天把我們帶到法國，那我就跟上帝說，把你給我的救恩也帶到法國，把你給我的恩典，借着我也來到法國，把你給我的平安借着我帶到法國，我現在是還福音的債。」

在巴黎的溫州移民中，基督信仰與道德行為並不一定相關。無論是溫州移民基督徒商人還是非基督徒商人，偷稅漏稅且僱傭非法移民（黑工）的情況並不罕見。巴黎的溫州基督徒商人明顯會更關注倫理和道德矛盾，但是這不表示他們對這些矛盾進行了有效處理。顯然，紛繁複雜的地方處境難以適用一套籠統的道德觀。當問及有關溫州基督徒移民和非基督徒移民在社會實踐與商業操作上的區別時，巴黎溫州教會的主席在猶豫幾秒鐘後回答說：「這裏的基督徒比起非基督徒來說更努力，因為作為基督徒我們必須既要工作，也要去教會。」對於巴黎的溫州裔基督徒來說，基於原籍身份及家庭商業的需求似乎比與基督信仰有關的倫理義務更為重要。在教會圈子中，富裕的家庭往往不願意公開他們的財富，因為害怕其他人會因為嫉妒而向當局報告他們的非法商業操作。也因為同樣的理由，在教會中公開談論個人和家庭經濟事務也是一個禁忌。一位開了一家小商店的中年溫州教會姊妹告訴我們，她花了三年才真正了解教會中哪些人是富有的。然而在特定的儀式框架下，局外人還是可以從側面對教會中存在的非正規經濟（informal economy）實踐有所體認。在移民教會每年十一月舉辦的感恩見證會上，偶爾可以聽到人們分享稅務查帳帶來的焦慮與不安，以及如何依靠信仰與禱告，得以避免或減少上交偷逃稅導致的罰金。

移民是一個選擇性的過程，特別是當人們由於經濟驅動而選擇進行非法移民的時候。巴黎的溫州人大部分都是中年人，他們是上世紀八九十年代到達法國的第一代溫州移民，都有積攢第一桶金和建立家族生意的強烈願望。他們中的大部分人支付給蛇頭十五萬至二十萬元以偷渡到巴黎。那些基督徒也同樣採取這樣的方式，但他們在講述自己的移民故事時，常常會強調「人往高處走」的人類天性而低調處理偷渡的非法性。[9] 對一部分基督徒而言，前往巴黎途中所經歷的艱難與遭遇的苦難增強了他們的信仰，並成為他們依靠和尋求上帝的見證。在大部分人眼中，移民通過解放年輕人的商業精神而造福了那些處於移民輸出社會中的家庭，因此應盡可能地鼓勵這種行為。很自然地，一些溫州移民教會的牧者也表達了他們對法國悠閒生活方式的震驚，這包括法國的低結婚率、女性吸煙、年輕人的消費欲望，以及他們沒有野心成為「老闆」。

對於大部分溫州移民基督徒來說，他們在生活中

9 追求更好的生活被認為是天經地義的。除此之外，還有人提到韓國教會幫助朝鮮「脱北」者偷越國境的例子，來説明偷渡並不違背教會和《聖經》的權威。

主要關切兩件事：賺錢和事奉教會。這種自我孤立常見於溫州移民社群，特別在第一代移民中尤為突出。移民教會圈是他們在巴黎除了家庭之外唯一延展的社交網絡。張弟兄在巴黎住了十八年，仍然不懂法文，並宣稱沒有時間看中文報紙或是中文電視節目。當被問及是否喜歡法國食物時，他說他只喜歡麥當勞，而麥當勞在他眼中是典型的法國食物。他常常在探訪教會信徒後吃麥當勞的食物。移民教會中的中老年人對領袖的職分競爭十分激烈。筆者曾親眼目睹他們在主日聚會後，在整個會眾面前爭吵甚至發生肢體衝突。[10] 當大部分信徒哀歎教會的不和之時，他們也往往沉浸於評論教會內「戲劇化」的權力鬥爭。那些男性的平信徒領袖似乎特別希望通過這種宗教式的補償，來彌補他們在新社會中對於生活的缺乏掌控。與此類似的是，美國的韓裔移民教會也非常強調傳統的

10 2011 年 5 月 1 日巴黎警員突襲了張弟兄所在的移民教會，原因是有人報警稱在教會裏發生了鬥毆事件，而整個事件是因兩人爭奪聖餐禮的主禮資格引起兩派人的推搡。警員在控制局面過程中，由於語言溝通不暢，以襲警為由控制和逮捕了相關信徒。

父系權威，來彌補他們在社會上的邊緣化地位。[11] 無論是傳統的民間同鄉會網絡，還是專業的商會組織，似乎都無法像以會眾模式（congregational model）為基礎的基督教福音派那樣有效地容納大眾參與社會的熱情。這些來自中國農村沿海地區的移民在語言和文化上有較大缺陷，使得移民教會可能成為他們在巴黎參與公共政治生活的唯一機會。

自南宋以來的千年歷史中，溫州的商業經濟發展反映了一種與「神聖領域」（realm of the sacred）相橋接的古老的經濟宇宙觀，它不同於現代化國家所主導的世俗經濟社會發展與再分配體系，也有別於一味強調生產與積累的近代理性西方資本主義。美國華裔人類學家楊美惠（Mayfair Yang）在描述歷史上這一經濟形態時，使用了「儀式—市場經濟混合體」（ritual-market economic hybrid）這一術語，來強調地方精英通過宗教儀式性消費來實現財富再分配的古老

11 Pyong Gap Min, "The Structure and Social Functions of Korean Immigrant Churches in the United States," *International Migration Review* 26 (1992): 1370-1394.

經濟慣習。[12] 對作為海外溫州人社會新型「僑領」的溫州基督徒領袖而言，他們在宗教經濟領域裏更多關注的是如何進行資源和財富的再分配，以及如何維繫傳統的價值體系和人際網絡。對他們來說，宗教實踐和做企業頗為相似，但也並不盡然。一如 H 教會的劉姓傳道人所言，「企業是為了賺錢，做教會為了虧錢，做教會傳播福音是把腦子放在花錢上面，不是用在奉獻收錢上面，收錢其實非常容易，但是把這個錢用出去就比較困難，要讓所有的兄弟姐妹認同你這個用處，如果大家認同這個錢的用處，那自然奉獻也會多，現在教會遇到的問題就是錢沒有地方用。」[13]「做

12 Mayfair M. Yang, "Putting Global Capitalism in Its Place: Economic Hybridity, Bataille, and Ritual Expenditure." *Current Anthropology* 41 (2000): 477-509.

13 教會宗教儀式性消費難這一困境與法國政府對移民經濟的管制有直接關係，法國政府金融體制限制移民資金向海外轉移。當巴黎的溫州人教會需要去內地傳福音時，教會往往會提供機票，而教會成員的捐款奉獻也會以現金的形式由個人轉交過去，這些現金的流動往往發生在灰色地帶，以規避法國政府的管制。如果需要動用移民教會在銀行帳戶裏的資金，就只能將錢款打到國內的某些機構帳戶上面，而且數額也不能過大，同時要求對方提供發票，但是國內的（家庭）教會組織一般都沒有正規的發票，所以這也導致了這一跨國宗教禮儀經濟的灰色地帶的形成。

教會為了虧錢」表達了教會領袖對建構一種非市場性社會關係的期待。使用和處置公共財產時需要和希望得到教會成員認同這一點，反映出基於精英義務和責任（obligation），而非對個人欲望或個體經濟利益得失的考量。儘管海內外的溫州教會都以做企業的方式「經營」教會教產，但這並不能掩蓋宗教經營者或宗教專家們同時潛心營造的一個基於非商業關係之上的「宗教禮物經濟」，以及以情感道德為紐帶的獨立儀式空間。[14] 這實際上體現了一種不可化約為「經濟理性」或「權力關係」的宗教生活的禮物模式。[15]

雖然從溫州到巴黎的大規模遷移本質上是一種經濟移民，但宗教已成為部分在經濟上雄心勃勃的溫州基督徒建構他們新的移民生活和身份認同的重要資源。巴黎的溫州移民常告訴我，溫州移民和來自中國的其他移民群體之間的主要區別是，溫州人來這裏

14 David Palmer, "Gift and Market in the Chinese Religious Economy," *Religion* 41 (2011): 569-594.

15 梁永佳：〈中國農村宗教復興與「宗教」的中國命運〉，《社會》，2015 年第 35 期，頁 161－183；汲喆：〈禮物交換作為宗教生活的基本形式〉，《社會學研究》，2009 年第 3 期，頁 1－25。

常住，是要獲得紙張（合法身份）、生兒育女和做生意，但是其他地方的華人只是來做一兩年工，發一筆小財就返回中國。[16] 雖然第一代溫州移民經常會返鄉探親和經商，但大多數人卻無意再回到他們的家鄉定居。由於移民家庭是旅歐溫州人家庭生產的基本單位，因此這就很好地解釋了為什麼移民教會中的佈道十分強調婚姻和家庭穩定，成家被看作是個人在外創業的基礎，即提倡「先成家，後立業」的原則。所以在巴黎的移民教會圈裏極為反對離婚。一位中年的移民教會領袖和商人曾驕傲地向我表示，他教會的離婚率為零，並悄悄地告訴我他是怎樣成功地說服了一對各自都被懷疑有婚外情的溫州夫婦在巴黎繼續維持他們的婚姻。這種道德保守主義，與溫州移民家庭和教會空間受制於較強的傳統父權倫理有關。

在一個高度世俗化、高離婚率的歐洲社會氛圍中，如何使教會的下一代能在生活的方方面面保持行為的聖潔，是一個極大的挑戰。移民教會的策略是回

16 這裏我們可以把巴黎的溫州移民群體和日漸成長的東北人新移民群體進行對比，後者通常以打零工和勞務輸出的形式在巴黎謀生。參見趙曄琴（2013）有關巴黎東北移民的調查研究。

歸到《聖經》的文本傳統中，以及大力提倡在教會內部的結合。這就要求至少夫妻雙方要有共同的基督教信仰，從而使移民教會與移民家庭構成大小兩個相互嵌套的同心圓。在溫州移民教會中舉行婚禮時，牧師和會眾都會大聲朗讀《聖經》的《創世紀》第二章和《以弗所書》第五章的幾處經句，這些經句強調結婚的重要性和神聖性，強調妻子應該服從丈夫，因為上帝在女人之前創造男人。[17] 在我與溫州牧師和普通教徒的交談中，他們都表達了對法國社會（包括法國基督徒）自由的性道德的不滿，尤其抨擊了法國人對離婚、墮胎、同性戀的寬容和過多的個人自由。2013年法國政府合法化同性戀婚姻後，數十家華人教會聯合發表《維護婚姻與家庭的宣言》，公開呼籲法國政府依照聖經原則來維護和尊重一男一女、一夫一妻的

17 這段出自《創世紀》的經文是：「那人說：這是我骨中的骨，肉中的肉，可以稱她為女人，因為她是從『男人』身上取出來的。因此，人要離開父母，與妻子連合，二人成為一體。」《以弗所書》的經文是：「你們作妻子的，當順服自己的丈夫，如同順服主。因為丈夫是妻子的頭，如同基督是教會的頭；他又是教會全體的救主。教會怎樣順服基督，妻子也要怎樣凡事順服丈夫。」

人類婚姻模式與一父一母的家庭傳統。而這也一定程度上解釋了為什麼溫州移民教會大都不願邀請法國本地的牧師來講道，或與法國教會開展實質性合作，溫州教會的領袖們希望用第一代移民的保守道德觀來教化在法國長大的第二代華人，防止他們同化到「墮落」的法國流行文化中去。

義大利的華人移民大多來自浙南的農村地區，他們受教育水準低，無一技之長，是典型的草根移民。在華人移民中，無論是非基督徒移民，還是基督徒移民，對經濟資本的追求是他們來義大利的根本驅動力。在那個時候，偷渡是這些普通移民來義大利的唯一途徑。偷渡因此總是作為一種既定的事實和結果被陳述出來，他們並不恥於分享他們的偷渡經歷。對於這些從未出過遠門的非精英移民來説，偷渡路上的一切都不在他們的控制範圍內。他們有人坐輪船，爬雪山；有人曾被航空公司或海關沒收護照；也有人先輾轉到東南亞，被當地的蛇頭剝光衣物搜掠錢財；還有人為躲避邊防軍警開槍掃射在山上缺吃缺喝地躲避多日。他們坦言他們最終都意識到偷渡是一種違法行為，也會經歷內心的掙扎，可當他們在經歷波折和苦難最終安定下來時，他們將感到的「平安」歸結為上帝的恩賜。

如同旅法溫州移民一樣，不僅經歷了波折的偷渡過程，這些初來乍到的華人移民，還飽受着巨大的還債壓力。為了來義大利，通常需舉全家之力。「我父母和家裏兄弟姐妹們商量決定把我家一棟房子賣了，房子賣了四萬塊錢，再向高利貸借了八萬，一共給蛇頭十二萬把我送了出來」，九十年代初從溫州郊區來到義大利的杜弟兄回憶説。然而，在這些堅信義大利「遍地黃金」的中國人來到義大利的那一刻，就意識到這裏的生活和他們想像中的並不一樣。訪談中遇到的很多人，甚至説他們當初是「被騙」來義大利的。極其在意「面子」的中國人，總是努力放大優點以編織一塊足夠大的遮短布。義大利不僅沒有「遍地黃金」，華人在義大利的生活也和「人間天堂」一點都扯不上關係。這些從同鄉口裏傳回的話語，加上浙江人做生意賺大錢的強烈願望，讓他們傾家蕩產地湧向義大利。

來到義大利的那一年，杜弟兄二十三歲，不會義大利語，沒有合法居留身份的他只能在米蘭中國街的餐館裹洗碗。杜弟兄說：「來到義大利我才知道，不是每個人都能賺一百萬里拉的，那是大廚的工資，我們洗碗的一個月只有五十萬里拉。」還清債務帶來巨大的經濟壓力、父母家人認為在義大利能賺大錢從而「光宗耀祖」的期望，使這些作為家庭中第一個來到義大利的華人移民只能拼命工作，努力賺錢。杜弟兄「白天在餐館裹洗碗，晚上睡在餐館陰冷的地下室裹」，洗碗一洗就是六年。杜弟兄的經歷不是義大利華人移民中的例外，那個年代第一個被家裹送出來的華人移民，都有着這一相似的集體記憶。一無所有的他們一邊承受「人間天堂」與陰冷地下室間的巨大落差，一邊毫無選擇地只能埋頭賺錢。

這場跨國遷徙讓華人移民經歷了巨大的生活變化，無論是偷渡的苦難，還是初來的孤獨，以及還債的艱辛，加上未來的不確定性，都讓這些在移居國既無經濟資本又無社會資本的草根移民陷入失序的生活狀態。那些口中日賺萬金的同鄉和親戚，同樣在苦苦操勞自己的生計，無暇也無力給他們提供幫助。杜弟兄這樣描述他當時的狀態：「我大概有半年時間一直在流淚。因為我完完全全離開了我的故鄉。在這裏，我沒有一個親人，沒有一個朋友，身體不好，又沒有居留，不會做什麼，只能洗碗。這裏的生活怎麼會這樣？人生的意義到底是什麼？我不知道。我覺得我和行屍走肉沒有什麼區別。我的父母雖然愛我，但是他們沒有辦法解決我在義大利的苦楚。我聽説，海和海是相連的，歐洲這裏有個地中海，我想，也許我可以跳進這個地中海，讓我的屍體漂到我的家鄉。」

在這種時候，基督信仰成為他們艱苦而無希望的生活中可以尋見的一種精神支持和意義依託。杜弟兄第一次去教會就接受了基督信仰。他說：「去教會聽傳道人説，虛空的虛空，虛空的虛空，凡事都是虛空，日光之下，並無新事，我見日光之下所作的一切事，都是虛空，都是捕風。[18] 人生真的就是虛空，我們在這裏天天做工，追求金錢，都是虛空。後來傳道人告訴我們，還有一個日光之上的生命，那就是上帝的愛。上帝的愛，和我父母的愛不同。這位上帝給我永遠的應許，永遠愛我。我在這裏什麼都沒有，但是還有上帝的愛。信主以後，我雖然還是在餐館洗碗，

18 以上話語來自《聖經．傳道書》1：2、1：9、1：14。

但我一邊洗碗一邊唱詩歌，還可以思考一下《聖經》的話語，很喜樂。因着上帝的愛，我重新找到了活下去的力量。」

整合了多種功能和關係網絡的華人教會系統，為基督徒的移民生活提供了一定的幫助。然而由來自農村的非精英移民所組成的教會能提供的幫助是有限的。勤勞的華人基督徒也少有依靠教會的幫助和救濟來生活。按理說，廣佈義大利的華人教會系統，可以為不斷遷徙的他們提供很多生活安頓上的幫助。然而，在很多華人移民基督徒所敍述的遷徙經歷中，他們「每到一個地方，先找工作，然後找教會」，而不是先找教會，在教會中得到幫助，再找工作。他們懷着生活是靠自己打拼來的質樸思想，在義大利靠勤勞生活。一個弟兄説：「人生活上的需要，是要由自己努力去創造的。神賜給我一雙勤勞的手和可以去賺錢的身體。我們勤勞地去做事情，這是我們應該的。我們生命當中有軟弱時，教會的弟兄姐妹會幫助我們，替我們禱告。如果真的有生活上的困難，自己真的沒有辦法解決的時候，弟兄姐妹會幫助，但這不是一種依靠性的方法。我們應該要努力自己去做。」

發揮着「白天當老闆，晚上睡地板」的精神，非精英華人移民所經營的以家庭為單位的小型企業在義大利遍地開花。基督徒華人自稱在經濟實踐中與非基督徒華人並無多大差別。他們試圖剝離經濟與信仰的關係，因為在做生意過程中需要面對很多無奈和不得已。經濟行為與宗教倫理不免在華人的適應過程中摩擦碰撞，宗教信仰和經濟實踐在張力中發展。偷稅漏稅在義大利華人移民中很普遍，基督徒也不例外。他們將偷稅漏稅視為基督徒在義大利經濟活動中遇到的「最大挑戰」。他們承認偷稅漏稅是違法的，但是他們又不得不這麼做。義大利的稅率極高，企業稅負更是高達 68.6%，是歐洲稅負最沉重的國家。[19] 華人移民中有一種説法：若是按着這規定的稅率來做生意，無論什麼類型的生意，不出兩個月必倒閉。偷稅漏稅對華人基督徒來説似乎成了不應指責的行為。一個同工坦陳，在義大利華人教會中，很少有傳道人會提到偷稅漏稅的事情，只有一些不做生意的全職傳道

19 資料來自義大利安莎社（ANSA），轉引自中華人民共和國駐米蘭總領事館經濟商務室網站，http://milan.mofcom.gov.cn/。

人有時會提到不可偷稅漏稅，可每次都會遭到大家的反駁。按照「凱撒的歸凱撒，上帝的歸上帝」[20] 的訓導，偷稅漏稅不符合基督教教義。然而在義大利高稅率的情況下，只要做生意就不可能不偷稅漏稅的潛規則，讓華人基督徒不得不從別處找到道德的平衡點。還有一個弟兄從聖經中找到偷稅漏稅的理由：「就連上帝都沒要那麼多[21]，地上的國卻要那麼多，這不符合上帝的心意，可以適當不遵守。」

在華人基於生存和發展所需的經濟實踐中，基督徒並不必然與高道德、不違法劃等號。很多時候，教育水準低且缺少技能的非精英華人移民，在經濟實踐中不能按照自己意願而行。教會裏弟兄姊妹間不會對彼此的經濟行為作出相互的論斷，因為他們認為，這些與道德甚至法規相衝突的行為，都是在客觀條件不

---

20 基督教認為世俗政府有權要求基督徒納稅，基督徒也應該向世俗政府納稅。「耶穌說：凱撒的物當歸給凱撒，神的物當歸給神。」（《聖經．馬可福音》12：17）

21 上帝只要十分之一。基督教有十一奉獻的傳統，將自己的所得的十分之一獻給上帝，「地上所有的，無論是地上的種子，是樹上的果子，十分之一是耶和華的，是歸給耶和華為聖的」（《聖經．利未記》27：30）。

允許的情況下的不得已而為之。來自青田的林弟兄是一位教會同工，現在與妻子一起經營着一家首飾店。他內心曾經為了是否要開酒吧一事而非常糾結。因為初期成本投入不太高，很多在義大利的華人移民選擇開酒吧這種生意模式。但是，除了一些開在市中心的人流量比較大的酒吧，單純靠賣咖啡和小吃並不能賺到錢。因此，「老虎機」是很多酒吧收入的重要來源。一般來説，基督教反對賭博。《聖經》中沒有明確提出基督教對賭博的看法，但説基督徒應該「總要勞力，親手作正經事，就可有餘，分給那缺少的人」（《聖經・以弗所書》4：28），也説「無論是淫亂的，是污穢的，是有貪心的，在基督和神的國裏，都是無份的；有貪心的，就與拜偶像的一樣」（《聖經・以弗所書》5：5）。賭博作為一種貪心的、想要不勞而獲的代表，一般來説是被基督教反對的。那麼對於基督徒酒吧商人來説，該不該放老虎機？不放的話生存成問題，放的話就帶頭推動賭博了。林弟兄知道開酒吧就意味着要放老虎機，因此他內心很掙扎。後來他還是沒能説服自己去做和《聖經》教導不符的事，於是放棄了開酒吧的想法。雖然他自己不做酒吧生意，但他對於其他經營擺放老虎機酒吧的華人基督徒沒有多加指責，他說：「畢竟很多基督徒還沒有條件和能力用別的方式生存。而且每個基督徒對聖靈的感動也是不同的。一些基督徒開了一段時間的酒吧後又轉做其他生意，這就是聖靈工作的證據。我們基督徒要對上帝的工作有信心。」這些華人信徒的日常實踐充斥了這種處境化的道德話語與考量。

第四章

漂泊離散中的抱團適應

溫州移民雖然大多以非法入境或逾期滯留的方式留在歐洲，但隨着時間推移和他們財富的積累，他們也在想方設法不斷實現移民身份的合法化。義大利多次「大赦」，讓這些非法移民通常在抵達幾年內有機會取得合法居留身份。在取得合法居留身份之後，他們或在義大利組建家庭，或將國內的配偶兒女通過家庭團聚等方式申請出來。這又是新一輪的花錢過程。三年前取得合法居留的周姊妹直言，「為了辦我自己的居留，我花了一萬多歐元。然後把我的老公和兒子從國內申請出來，辦他們的居留，我又花了一萬多歐元。」因此對於這些一代華人移民來説，還蛇頭的債、辦合法居留和家庭團聚的費用，讓他們在義大利的生活陷入一輪又一輪欠錢和還錢的循環中。

不斷欠債強化了賺錢的願望。為要賺更多的錢、過更好的生活，這些華人並不卻步於從中國到義大利的流動過程，他們來到義大利後依然處於不斷遷徙中，哪裏有錢就到哪裏去。來自溫州的金姊妹的家庭，是這些浙江移民家庭的典型。2002 年，七歲的她跟着爸爸一起來義大利和媽媽團聚。那時，家裏最先偷渡來義大利的媽媽已經拿到了合法居留。在她的記憶裏，來到義大利之後就一直在搬家，她已經數不清到底搬了多少次家，也數不清到底在多少個城市住過。一開始，初來打工的父母搬家是為了找到更好工作，再後來，搬家是為了找到更合適的店舖做生意。「從小到大，我在學校一個朋友都沒有。因為每個學校待一兩年，甚至更短，就又因為搬家而轉學」，她回憶說，「也因為搬了那麼多次家，我就沒有辦法認定哪裏是我的家，我覺得沒有任何地方是我的家。」

義大利華人移民的故事，就是為了生計不斷遷徙的故事。幾乎每個華人移民在細數家庭流動史的時候，都可以數出好幾個甚至上十個在義大利待過的地方。他們並不是有計劃的遷徙，大到首都羅馬的市中心，小到海邊山邊的度假區，只要哪裏有工作機會，哪裏有店面出讓，他們看着合適，就到了那裏。在基督徒的生活史敍述中，我們聽到過找酒吧店面找了三年，終於在義大利東北部找到一個合適的而舉家從中部遷徙過去的故事，也聽到過正好北部有金店出讓就從東北部搬走的故事，還聽到過在南部偏僻海邊找到租金廉價可開大型零售店的店舖而從大城市搬走的故事。

毫無疑問，追求財富是他們連續不斷遷徙的內驅力。當他們回顧自己的遷徙史時，這一明顯的理由慣常會在他們的敍述中被淡化，他們用基督信仰給他們的遷徙流動過程賦予宗教的含義。華人移民基督徒認為這樣的經歷加深了他們對基督信仰的認識，也在生活中活出了信仰。「上帝説，我們在這個地球上只是客旅」，這句話經常出現在教會的主日講道中，也出現在他們訪談的陳述中。既已認定在這世上只是寄居的狀態，那麼無論是跨國遷徙還是義大利境內的遷徙，無根而不歸屬於任何地方的狀態在他們看來就是人類寄居於此世的明證。而遷徙流動過程中遇到的諸多困難，在他們眼裏不過就是寄居於此世的考驗罷了。他們認為神唯一的兒子也不例外地經歷痛苦，「何況是我們呢？」他們並不遮掩自己所遇到的苦難和軟弱，因為在這些痛苦經歷中，有他們感悟到上帝的信仰見證。一位教會的負責人張弟兄從網上找了一篇文章，鼓勵信徒分享自己的見證以感謝神。他在信徒面前讀道：

> 我要為軟弱感謝神，因為這是學會體恤別人的基礎；我要為苦難感謝神，因為這是熬煉美麗品德的熔爐；我要為逆境感謝神，因為這是啟動內在潛能的激素；我要為挫折感謝神，因為這是培養謙卑品格的溫室；我要為創傷感謝神，因為這是經歷屬天醫治的通行證；我要為失敗感謝神，因為這是邁向將來成功的踏腳石；我要為疾病感謝神，因為這是人生樂曲中美麗的休止符；我要為困難感謝神，因為這是驅使人依靠上帝的催化劑；我要為貧窮感謝神，因為這是引發追求屬靈豐富的動力；我要為得不到和已經失去的感謝神，因為我學會了感恩和珍惜。

流動遷徙與接連不斷的軟弱、苦難、逆境、挫折、創傷、失敗、疾病、困難、貧困並行，客旅與寄居的觀念在移民生活中被形塑和強化。

為滿足信仰需求，也與為生計奔波勞碌的生存特點相適應，華人移民在義大利建構了一個教會網絡。抱團協作是溫州地區人們做生意最突出的特點，也是他們生意成功的重要原因之一。通過抱團協作，從 1984 年幾個華人基督徒在比薩（Pisa）建立教會開始，華人基督教在義大利發展出了近八十個華人基督教會。在這些教會中，有一個「基督教義大利華人教會」系統，[1] 它是義大利華人教會中規模最大、人數最多的華人教會系統。它遍佈義大利，目前共有五十個教會。按照地理位置，基督教義大利華人教會分為北部、中部、南部三個牧區，採取從上到下的管理模

1 在義大利所有的華人教會中，除了少數幾家，其他教會都在兩個基督教系統中，一個是基督教義大利華人教會，另一個是義大利華人復興教會。原來義大利只有一個華人基督教系統，就是基督教義大利華人教會。後來一部分有靈恩傳統的基督徒分裂出去成立了復興教會。據華人復興教會網頁上的資訊，目前義大利共有二十個華人復興教會。這二十個教會同樣是一個統一的系統，組織模式與基督教義大利華人教會系統類似，也以溫州和青田人為主。兩大教會系統間並沒有形成明顯的競爭關係，華人基督徒根據個人或家庭在國內時的敬拜傳統選擇移民教會。

式。義大利這一獨特華人教會系統的存在，是華人基督徒們抱團協作的明證。

這種近乎深入骨髓的經濟特質，被他們靈活地運用到了宗教組織發展上。在中國，通過牧區形式和派工體系所形成的獨特基督教網絡，將各地溫州教會組織聯繫在一起，各教會將自己的教會工作「外包」（outsourcing）給基督教網絡，通過「專業化分工」（specialized division）實現牧養和傳福音，呈現出教會發展的「溫州模式」（Wenzhou Model）。[2] 華人基督徒將此教會發展模式搬到義大利，也在義大利形成了一個基督教網絡。但是，義大利華人教會的基督教網絡並不依賴單個教會分散的權威體系，而是基於一個大的「內生」的牧區權威，各個教會都鑲嵌在這個充滿內聚力的基督教網絡中，形成一個統一的、等級化的縱向系統，具有很強的組織性和協作性。

「基督教義大利華人教會」系統採取從上到下的「總會－牧區－堂會」的管理模式。全義大利五十個

2 Nanlai Cao, "Boss Christians: The Business of Religion in the 'Wenzhou Model' of Christian Revival," *The China Journal* 59, 2008, pp. 63-87.

教會在制度和金錢上有很強的連帶關係，系統中的各個教會聯繫在一個統一的基督教網絡中。具體來說，總會執事會由三個牧區各選派執事組成；總會設立宣教中心；每週主日在各教會的講道人，由總會派工；各地教會每月的信徒奉獻，按照規定的比例分別上交牧區和總會；各牧區的各個教會，會聯合同辦姊妹團契、主日學培訓、培靈會、佈道會、福音營，也會分片區合辦耶誕節、復活節活動。

整個教會系統儼然一個龐大的家族，各個教會都在牧區和總會的蔭蔽下、在相互協作中發展。與法國的溫州教會一樣，類似大家族的義大利華人教會在組織上也呈現出家長制，只不過家長的角色是由牧區和總會而非個體的教會領袖扮演。他們將各個教會看成自己的孩子，調配資源，兼顧彼此的發展。跨國宗教網絡讓宣教中心有機會從中國或別的國家邀請來華人牧師和華人明星基督徒，輪番在不同教會講道和佈道；教會買堂的資金籌集不夠，別的教會、牧區以及總會將提供經濟幫助。各個教會作為「孩子」，也需要聽「家長」的話。教會負責人或同工利用個人關係邀請來的講道牧師，一般來說，需要得到牧區的首肯，如若不然，會受到牧區甚至總會的批評。

統籌協作的基督教網絡不僅適應了一代基督徒移民為生計打拼的生活狀況，也實現了多多建立「上帝的家」[3] 的宗教願望。義大利的第一代華人移民生活艱辛，工作賺錢是移民生活的重心。家庭作坊式企業決定了這些華人就算當了老闆，本質上也還是打工的。他們沒有能力也沒有條件接受較為系統的神學訓練，也很難把在教會全職事奉作為工作，全職牧養資源嚴重缺乏。在這樣的情況下，類似「溫州模式」的基督教網絡，讓他們實現了宗教牧養資源分享。儘管只有寥寥數個全職牧師和傳道人，但一百七十多名派工同工擔負了教會系統內大部分的牧養和傳福音工作。這些派工同工來自不同的教會，平常都有自己的工作，到了週日，按照總會半年一出的派工單張，平

3 基督教認為教會是「上帝的家」。「這樣，你們不再作外人和客旅，是與聖徒同國，是神家裏的人了。」(《聖經·以弗所書》2:19)「倘若我耽延日久，你也可以知道在神的家中當怎樣行；這家就是永生神的教會，真理的柱石和根基。」(《聖經·提摩太前書》3:15)

均一月一次地被派到所屬牧區、甚至跨越牧區的不同教會講道。派工同工中的絕大多數並沒有受過系統的神學訓練，通過堂會的推薦及牧區的首肯，他們成為平信徒講道人，流動事奉於各個教會之間。低頻率的講道和短期內幾乎不重複的講道教會，使帶職事奉成為可能。

羅馬一個開餐館的派工同工在提到自己的派工事奉時説道：

> 星期天我們家餐館也開門，不過我一般都不在，都出去講道了。確實付出了很多，有時候也覺得很累。有一段時間我一坐火車就吐，可能是坐太多火車了，有時候還坐得特別久。以前還沒有飛機線路的時候，或者說那時候已經有了，但我們都以為飛機票很貴，都沒考慮過坐飛機，其實飛機票可能比火車票還便宜，那時候真不懂，所以都坐火車去講道，還沒有快車。如果去 Lecce 講道，那我星期六晚上就要出發了，然後星期天講完道坐夜車回

> 來，星期一早上才能到。有時候會想，往返坐二三十個小時的火車（硬座），才講一個小時的道，值得嗎？我們教會一些年輕人也跟我說：「你坐二三十個小時的火車，去給十幾個人講道，人少的時候可能還不到十個，我們這裏一個主日學就不止這麼多人了，還不如在這裏講。」但是那裏需要我們，我們就要去，不可以用人數多少來衡量，都是上帝的家。

去講道所需的路費，原則上可向所在牧區報銷。但一個派工同工告訴筆者他從來不報銷，雖然為講道所花掉的交通費一年要幾百甚至上千歐元。在抱團互助的傳統下，再加上信仰的力量，這大批的義工式傳道人在自己力所能及的範圍內，既出錢又出力地參與教會事奉。這樣，即使在毫無牧養資源的地方，也能建起教會。義大利數量眾多的華人教會就是這麼建立起來的。

在教會系統的統籌協作下，信徒高度流動的狀態不會對教會的組織和發展造成很大的影響。華人移民的結構特點和移民的經濟生活狀況，決定了在義大利的華人教會很少像法國溫州教會那樣由精英領袖把持，更不可能出現北美華人基督教通過民主的方式選舉教會領袖的情況。[4] 一般來説，教會的初建者就是教會的負責人。賺錢謀生是華人移民到義大利的目的，哪裏有錢賺就到哪裏去，教會負責人也不例外。當一個教會的負責人到別處謀生時，會卸去原來教會負責人的職務。義大利堂會的負責人以及牧區、總會的執事，並不一定是大老闆。有一定的經濟資本是成為教會領袖的必要但非充分條件。有錢、有人際關係的信徒當教會負責人固然好，但正因為大多數華人移民都在為生計奔波，教會負責人需要花時間統籌各項事務，「有閒時」成為擔任教會負責人又一重要因素。

作為非精英群體中相較而言的精英，教會系統的存在也讓這些同工和負責人在因經濟因素而引發的

---

4 例如，Fenggang Yang, "Tenacious Unity in a Contentious Community: Cultural and Religious Dynamics in a Chinese Christian Church", in R. Stephen Warner and Judith G. Wittner ed., *Gatherings in Diaspora: Religious Communities and the News Immigration* (Philadephia: Temple University Press, 1998), pp. 333-361.

流動遷徙中保持他們宗教上的「精英」地位。在總會起草的章程中有一條：「總會同工如果在義大利境內更換住址，當地教會必須在六個月內無條件接納他為當地教會的同工。」總會同工即派工同工，負責人也是派工同工。這樣的規定既保證了他們在教會中的地位，又避免了牧養資源的流失。通過統籌協作，處於流動狀態下的非精英華人基督徒在義大利編織了一個超越單獨教會的大家族式縱向宗教網絡，成為他們在一個天主教國家兼顧經濟立足和信仰發展的有力依託。

華人移民在義大利的經濟活動比較單一，無外乎做工廠、開餐館或酒吧、賣散（街頭零售小商品）、開商店、做貿易這幾種方式。在打工幾年後，他們就會想方設法自己當老闆。在華人新移民大批湧入義大利的二十世紀八九十年代，一份理想的工作是在鞋包工廠做工，摸清了門路之後就自己開工廠。進入二十一世紀之後，在經濟全球化浪潮下，一批華人移民抓住機遇，開始做進出口貿易生意，這批人現在是華人移民中最有錢的，集中在羅馬和米蘭。華人移民在義大利的經濟活動有一個明顯的轉向，即從手工製造業轉向零售、批發和進出口貿易。根據學者們的統計，如今在義大利從事手工製造業和商業的華人移民比率差不多平分秋色，分別佔 37.8% 和 45.7%。[5] 以下通過兩個家庭的故事，來敍述華人移民在經濟領域的實踐和行業轉向，以及他們在華人基督教社群中的傳統父權意識如何在離散處境中幫助持守溫州的文化本質。

阿敏姊妹的父親是他們家裏第一個偷渡來義大利的，留下妻子和兒女在溫州。九十年代初的義大利，在衣服鞋包工廠裏做工是華人新移民中一份「流行」的工作。她父親的第一份工作就是在佛羅倫斯附近的一個華人皮包工廠裏打工。幾年後，父親通過大赦取得了合法居留身份，把他們一家都接到了義大利，那時候的她正是上初中的年紀。「我們剛來的時候，覺得我爸應該特別厲害，自己一個人在義大利那

5 Gabi Dei Ottati, Daniele BrigadoiCologna, "The Chinese in Prato and the Current Outlook on the Chinese- Italian Experience", in Loretta Baldassar, Graeme Johanson, Narelle McAuliffe, Massimo Bressan ed., *Chinese Migration to Europe: The Case of Prato and Italy* (London: Palgrave Macmillan, 2015), pp. 29-48.

麼些年，義大利語肯定非常好。所以我們去哪裏都跟着他。可是後來我們發現，我爸其實根本就不會説義大利語。」不會義大利語的爸爸的「厲害」形象並沒有在兒女的心目中坍塌。因為在那個年代，肯吃苦的中國人單憑一雙手，還是可以在義大利擁有不菲的收入。在佛羅倫斯皮包廠做工幾年的阿敏爸爸掌握了一門皮具加工的手藝，他籌了些錢在馬切拉塔（Macerata）附近租了個工廠，開起了一個家庭作坊式的鞋子加工工廠。從第一個工廠開到現在，他們在馬爾凱大區（Marche）也換過好幾個地方，搬過幾次家，但一直都做鞋子加工的工作。

那個時候，華人們都將開工廠視為很好的生意。中國人能吃苦，貨完成得又快，義大利鞋廠都很喜歡把貨交給華人做。「義大利人根本不夠中國人競爭。老外把貨給中國人，中國人做到半夜都會把貨做完。要老外每天做超過八個小時是不可能的。」家裏的工忙不過來，「家裏需要」，而且「自己讀不下去了」的阿敏高中第二年就不讀了，一直在家裏的工廠幫忙做工。她的妹妹也是同樣的原因，甚至沒有讀高中，就開始在家裏做工了。但其實，還在上學的時候，她和妹妹中午下課回來之後也會在家裏的工廠和父母一起做工。[6] 在阿敏家附近的幾座山上，幾年間開了大約一千家類似的華人加工工廠。迅速增多的工廠加大了競爭，再加上義大利經濟的衰退，加工費愈來愈低，他們能賺的錢也愈來愈少。阿敏指着工廠裏的一種休閒皮鞋坦陳：「像這樣的，做一雙他們給我們兩三塊（加工費），以前那個時候，這樣的一雙能給七塊。」妹妹阿豔也說：「我們做得那麼辛苦，他們給的錢還少。做同樣一款鞋，給我們中國人三塊的話，給老外就五塊。給我們五塊的，就給他們七塊。不過沒有什麼公平不公平的，就是這個樣子。你不願意做，總有人做。」

阿豔在家裏工廠做了一段時間後，每天除了做工還是做工的枯燥生活，讓她不想再在工廠做工了。想到外面看一看的阿豔在米蘭的一個華人衣服商店裏找了一份工作，一開始一個月八百歐元，後來一千，

6　義大利的中學一週上六天課，每天只上到中午一兩點鐘。很多華人移民的孩子放學之後就要回到父母開的店或工廠裏幫忙。

包住宿。除了自己吃飯和買些東西的錢，剩下的錢阿豔要拿回家裏給父母，每個月大約能拿回家五六百歐元。至於為什麼要把自己賺的工資給父母，阿豔從來沒有想過。阿豔在米蘭待了兩年後，嘗試過大城市生活的她回家了，繼續在家裏的工廠做工。

弟弟長大後同樣在高中階段就輟學不讀了。父母覺得不能讓兒子再做工廠這種「沒有前途」的工作，但他們也不知道還能做什麼。於是阿敏的弟弟自己到別的地方，在一家華人理髮店找到了一份工作。他們全家人都覺得那份工作很好，因為他們認為理髮是種「技術」，做一些和做工廠不一樣的事情，才能學到東西。

對於阿敏、阿豔和他們父母來說，生活除了星期天，每天都是前一天的重複。阿敏在一家中義大利語最好，她負責跟義大利工廠聯繫和拿貨。阿敏每天起得最早，十點左右起床，洗漱之後把頭一天做好的鞋搬上車，送到義大利人的工廠裏。父母和阿豔十一點多起床，這個時候阿敏已經拿回了當天要做的鞋。阿豔和媽媽主要做車工，阿敏和爸爸主要做其他手工工作。家裏從十一點多起就響起縫紉機「嗒嗒嗒」的聲音，一直持續到半夜兩三點。他們一般半夜三點多睡覺，鞋子多的時候會更晚。

這期間，阿敏的媽媽會在十二點多、六點多和半夜一點多的時候，一聲不吭地到二樓的廚房裏做午飯、晚飯和夜宵。家庭作坊式的工廠與家是一體的，一樓是做工的地方，二樓是臥室和廚房。做好飯後，阿敏媽媽用溫州話大吼一聲「吃飯了」。吃飯並不是完全同步的一項家庭活動，因為每個人手裏都有做着的工作，他們會陸續上到二樓吃飯。飯前的禱告是各自進行的，吃飯的時候沒有過多的交流。一直吃媽媽做的飯菜長大的阿敏和阿豔到二十多歲了還不會做飯，吃飯時有時會開玩笑說不會做飯的她們很難嫁出去。阿敏媽媽做的菜都是溫州菜，他們吃臘肉、豬皮凍、海螺螄，也常吃臘鴨、鹵鴨頭和鴨舌。所有食材都是從「中國公司」(華人超市)買的，因為義大利超市裏買不到鴨肉和相關食品。偶爾飯桌上會有阿敏和阿豔去義大利超市買的火腿和橄欖，這些被義大利人夾在麵包中吃的火腿和放在沙拉中的橄欖，都被他們就着米飯吃掉。悶頭吃完飯的他們把碗筷扔到廚房的水池裏，留待媽媽晚上一起洗掉。沒有進行任何休

意大利的温州基督徒家庭作坊（照片由作者所攝）

息，他們又各自下到一樓開始做工。

做工時他們之間幾乎沒有談話，也許因為縫紉機嘈雜的聲音並不是一個適合交流的場所。阿敏和阿豔喜歡一邊做工一邊戴着耳機，用手機聽一個叫「喜馬拉雅」的 app 裏的有聲小說，「有時候也聽」教會微信群裏的語音資訊。父母做工的時候經常聽教會微信群裏的語音資訊，通常很大聲地播放出來，有時候也一邊唱讚美詩一邊做工。鄰居工廠有一條臘腸狗，每天跑來他們家的工廠玩。除了阿敏每天早上去送貨拿貨會見到一些人，父母和阿豔一天中唯一能見到的「別人」就是這條狗。他們四人雖不相互說話，卻常跟跑過身邊的臘腸狗說話，似乎只有牠能懂他們。

週日是他們一家人去教會的時間。阿敏和阿豔一大早就會去教會，因為上午有青年團契。父母下午兩三點去教會。去教會並不等於不用做工了，父母去教會前在家做工，晚上結束了教會一天活動，他們四人回到家裏，繼續做工到半夜。

身為家中長女的阿敏從來沒有在嘴上抱怨什麼，提到這份工作她都只說「家裏需要我」。雖然嘴上經常說辛苦，但阿豔也說：「我覺得我們懂事得都特別早，沒有辦法，家裏需要我們。我們覺得累的時候，爸媽肯定覺得更加累。他們都這麼大年紀了。所以我也要體諒他們。有時候我爸心情不好，說我們幾句，聽聽也就過了，都是一家人，沒有什麼過不去的。我們家很少吵架，因為在教會經常聽講道的說，愛是恒久忍耐嘛。」

父母每個月會給阿敏和阿豔五百歐元「工資」。阿豔坦承這錢是父母給她們的零花錢，「也可以存起來，這樣以後嫁人了，自己起碼有一點錢，不用處處都靠老公家」。眼看女兒們都到了要嫁人的年紀，阿敏爸媽開始考慮女兒嫁人之後他們要做什麼了，因為女兒嫁出去了就代表着他們家的工廠少了兩個勞動力，單靠他們兩人並不可行。可是他們不知道自己能做什麼，因為沒有別的手藝。「爸媽以後肯定是要跟我弟的。我們女兒不可能跟爸媽守着這個工廠一輩子，都是要嫁出去的。嫁人之後要跟老公一起發展。我希望能嫁一個不做那麼辛苦工作的老公。」阿豔說。阿敏也認為：「似乎大家在找男朋友的時候都不喜歡家裏開工廠的男孩，或者嫁人以後兩夫妻另外做別的吧。」父母一直辛苦下去，為的是弟弟的未來，這就是一個溫州華人老闆的女兒眼裏的家庭和生意。

偷漏稅和僱用無證移民，已經成了溫州移民商業為了獲取利益最大化所會採用的慣常做法。一些教會領袖僱用他們的未取得居留身份的親屬或教會信徒在他們的家庭作坊裏做工。對基督徒而言，這些人可能因為非法移民或者避稅行為被視為罪人；而基督教則作為一種普世文化，為處於商業與道德相矛盾中的華裔商人提供了有力的意義框架，以使他們能靈活參與全球資本主義。他們常常提到上帝的恩典，以此來為本來並不合法的移民和商業行為進行辯護，這也體現出他們為在陌生社會環境中的日常生活尋找神學依據所做的努力。通過訴諸最高的（神聖）主權，這些華商創造了一個跨國的超驗世界，在其中他們不再是非法移民，而是被賦予完全社會權力的上帝兒女。合理化了的「無罪」使他們轉變為上帝國度的榮耀公民。這種普世基督公民的理念，對於認為只有在現有民族國家框架中人類尊嚴與平等才會被承認和獲得的觀點無疑是一種挑戰。[7]

散居的華人移民在保持自身民族文化獨特性的同時，也需要在社會文化層面上鞏固與合法化他們在異域的群體存在和經濟利益。歐洲的華人大多是第一代移民，他們較其他地區（東南亞、北美）華僑華人對祖國的認同感更強，與中國保持着更為緊密的跨國經貿、情感、文化、宗教與慈善方面的紐帶。雖然信教並非加入海外華商群體的前提，但基於共同信仰與信任網絡而形成的跨國商圈，使得其成員能獲得在從事貿易、融資、賒帳等方面的種種優勢與特權。尤其是對「道德性神靈」（moral gods）的信仰往往與區域商路的貿易繁榮之間有着緊密的關聯，這在同為一神教的伊斯蘭教歷史發展進程中也有所體現。[8] 在相類似的情形下，保守的基督教信仰可以提供一套約束社會

---

7 Andrew Kipnis, "Anthropology and the Theorisation of Citizenship." *The Asia Pacific Journal of Anthropology* 5 (3) (2004): 257-78; Peggy Levitt, *The Transnational Villagers* (Berkeley: University of California Press, 2001).

8 Stelios Michalopoulos and Alireza Naghavi, "Trade and Geography in the Spread of Islam", *The Economic Journal* 128 (2017), pp. 3210-3241.

行為、減低失信風險的道德話語與秩序，通過穩固移民個體與其所屬家庭和社區的紐帶，在海外離散處境下延續一個以「小商品，大市場」為主要內涵的家庭經濟模式，並最終拓展中國在全球的外貿市場。[9] 而基督教也由此漸漸化身為傳統中國家庭經濟與全球市場經濟之間的道德橋樑，它有效地抵禦了被移民視為不受歡迎和道德腐朽的世俗歐洲社會的文化影響。

在保守的基督教家庭模式的深刻影響下，即使是第二代移民，特別是年輕女性，往往在情感和道德上也會與散居國外的同鄉群體緊密聯繫在一起。這種內向型情感和道德界限，有助於重新劃定市場與非市場關係之間的界限。[10] 鮮有溫州籍女性移民會與外族通婚。與其他來自中國的移民群體不同，溫州人來歐洲，是為了取得居留權、在歐合法生育子女和經商。由於移民家庭是海外溫州人經濟的基本單位，在移民教會裏的佈道十分強調婚姻和家庭穩定，這或許不是

9 有關改革開放初期國內這一家庭經濟模式的描述，參見費孝通：〈小商品．大市場〉，《浙江學刊》，1986 年第 3 期。

10 Cao, "Renegotiating Locality and Morality in a Chinese Religious Diaspora", pp. 90-93

巧合，而婚姻和家庭穩定被視為個人重大創業舉措的基礎。只有那些沒有婚前性行為的教會成員才被允許在教堂舉行婚禮儀式。離婚被認為是極不道德的，甚至離婚後再婚也被認為是通姦行為。這種保守主義與華人移民家族的父權制道德觀有關。這一情形在法國尤為明顯，在保守的基督徒父母的監護下，旅法第二代華人成年後往往對世俗的法國教育和以世俗主義為特徵的主流社會價值觀產生敵對的情緒。

華人基督徒對歐洲社會世俗化的批判也延伸到了他們對新冠疫情的理解。一位旅居義大利的華人傳道人在一次線上講道中提到歐洲疫情與其宗教靈性之間的關聯，並對當地疫情氾濫的處境做了高度道德化的解讀：

> 瘟疫下我們要反思，歐洲的信仰危機，教會失去了見證，道德生活的墮落，婚姻價值的混亂，同性合法的氾濫，兩百年前，他們差遣無數的傳教士去亞洲傳福音，兩百年後，歐洲的宗教、道德淪落，人心黑暗，漸漸地離開了上帝，這是我們

今天要去反思，要去看到的。

值得注意的是，這一理解並不一定合乎情理，畢竟新冠疫情最開始的大爆發始於中國武漢而非歐洲大陸。但是，華人教會領袖往往從令他們更有切身感受的歐洲世俗化的處境入手，去理解歐洲遭遇疫情巨大打擊和歐洲人遭受高死亡率的原因。這一點符合他們一直以來對歐洲需要靈命復興的基本認識。

另一方面，由於共同的商人背景以及與國內社會保持着一定的空間距離，他們很少對中國國內的現實針砭時弊，而往往將中國經濟的高速發展當作是「上帝做工」，是為了實現讓他們走向世界傳福音的一個異象。[11] 有機會親身接觸和體驗歐洲悠久的基督教傳統，使得歐洲華人較國內的同胞具有道德優越感，尤其是當他們已經適應了歐洲的生活方式，並將自身信仰當作這一生活方式的一部分時。他們不再期待將來會回國生活，而只是在其所紮根的離散地表達「遠距

11 這一現象在溫州的精英男性平信徒（老闆基督徒）中較為明顯，由於自身受惠於改革開放的政策，他們往往展現出一種「靈性民族主義傾向」（Cao, 2019）。

離民族主義」（long-distance nationalism）情結與身份意識。[12] 當這些華人信徒在歐洲受到歧視時，普遍認為是自己的華人或亞裔身份所導致的，而非他們的基督徒身份，這從另一個方面加重了這種民族主義情緒。在居住國社會從事教會慈善事工，即是歐洲華人信徒彰顯族群意識、道德身份與社會動員能力的重要方式。

在歐洲疫情最嚴峻的時刻，華人教會也在採取實際行動實踐他們的信仰，幫助修正海外華僑華人尤其是華商的國際形象。當整個義大利缺乏口罩等防疫物資時，很多華人教會開始向警察局、醫療人員和有需要的人捐贈口罩、醫療的服裝、手套等等。在華人信徒看來，自己微薄的力量，可以向歐洲社會傳遞大愛與救恩，教會的捐贈是附着來自基督的神聖的愛，是基督徒應該做的。另一個華人牧者則把華人教會推動的「口罩福音」事工與使徒保羅見證福音的心志進行

---

12 Benedict Anderson, *The Spectre of Comparisons: Nationalism, Southeast Asia, and the World* (London: Verso, 1998), pp. 58-74

比擬，以此激發華人信徒崇高的道德感。如他所述：

> 在這個困難的時期當中，基督教義大利華人教會，包括我們幾大牧區，許多的同工，中間的許多年輕人，都參與到這口罩福音的行動中來。沒有人為做過這件事而後悔，每一次看到福音的傳開，每一次看到口罩被分出去，心中是何等的喜樂。所以我們一次次地行動的時候，都要懷着這樣的心情和熱情。保羅在寫給腓立比人的書信裏就告訴我們，整個腓立比書信突出的就是喜樂，喜樂，還是喜樂，你真是我的喜樂。保羅傳福音給腓立比人的時候，腓立比人接受了福音，信了耶穌基督，並且建立了教會，並且不斷地繼續傳揚主的福音。

在疫情期間開展的這些慈善公益外展事工，使得華人教會的飛地化移民宗教模式漸漸淡化，而向更具有包容性的大都市風格的全球化宗教模式切換和發展。在一段互聯網上流傳的短片中，一位年輕的華人女孩用義大利語高聲向一些站在陽台上用繩索繫吊桶接受口罩的義大利人喊道，「加油中國，加油義大利，耶穌愛你。」這個故事說明華人第二代的雙語青年將扮演華人教會與歐洲主流社會之間的橋樑角色。在文化與道德多元的歐洲社會，華人基督徒通過參與社會服務與慈善事業，正在積極形塑一個正面的具有全球影響的中國基督教形象，同時也為中歐民間層面的交流做出了貢獻。對這些移民基督徒而言，長期穩定的教會參與，使他們能夠在跨國遷移與流動中充分建立歸屬感與互信並獲得情感上的依靠，以及社會物質方面的安全感。這種團體歸屬感，是由基督教團契通過營造基於信仰的集體生活產生的，因為擁有一個基於信仰的道德共同體，它往往比其他僑團組織更能吸引和凝聚普通華人華商。相比而言，會館型佛教、會館天后宮等民間宗教形式缺乏一套較為系統和清晰的道德話語體系，也因其受制於地緣血緣等情感紐帶和地方知識的在地性框架限制，而缺乏全球擴張潛力。眾多商業、同鄉聯誼組織因為缺乏足夠的社會公共性而易發展為充滿博弈競爭的精英「圈文化」與權力競合場域。[13]

一個高度中國化與本土化的基督教，正在為聯結中國僑鄉和海外僑民社會提供一種適應全球變遷的道德話語與價值觀。這些移民教會的信徒一方面哀歎歐洲人的道德墮落與逐漸遠離信仰，一方面又努力尋求延續早期歐洲教會的傳統和遺產，將自己定位在全球基督教的新中心。他們逐漸發展出一套獨特的中國化的對基督教文明化進程的理解與想像，以及一種「道德—空間」的等級觀念。

溫州移民商人因世俗國家的移民管控規定而常常飽受非議與歧視性對待，但基督教為他們的原籍地方網絡以及別具特色的家族生意正名提供了一套道德話語。相互矛盾的是，保守的道德話語卻為他們在道德層面模棱兩可的小型資本主義社會實踐提供了合理性解釋。這種非市場性的道德觀，在市場現代性的處境中為溫州近代式的以家庭為單位的經濟提供了合理

13 王春光：《移民空間的建構：巴黎溫州人跟蹤研究》，頁 136；華驍：〈空間與進階：義大利華人的場域拓展與上向流動〉，《華僑華人歷史研究》，2021 年第 4 期，頁 53－57。

辯護。與此同時，這些流動的基督徒商人開發他們的原籍網絡來拓寬基督教發展的廣闊空間。他們的實踐與經歷，表現了地方性的製造與全球宗教復興相輔相成的過程。溫州人的流動性和商業主義挑戰了國家對於「非法性」的規定。然而，溫州移民教會並非毫無反省地強調並推崇如此本質化、刻板化的溫州文化基因。一位經營服裝工廠的中年溫州移民傳道人曾根據聖經中《出埃及記》的篇章在主日證道中這樣說道：

> 上帝為以色列人在迦南地選擇了興旺。如果上帝揀選了溫州人，我們是否能想像我們將會做些什麼？我認為我們溫州人比以色列人還要聰明。溫州常常被稱為中國的耶路撒冷，而溫州人被稱作中國的猶太人。如果我們是被揀選的，我們就會待在埃及，殺牛宰羊做皮包和衣服。我們永遠不可能想到去迦南。所以，上帝有祂自己的安排。我們不能根據自己的理性來理解祂。

這種令人尷尬的自我意識產生了一種基於世界溫州人身份的文化親密感，這對在遭遇道德困境的溫州商人中構建防禦性的反社會成見心理模式是至關重要的。[14] 這些基督徒領袖堅持溫州的文化本質，公開表達反對同化的態度，並且積極地為溫州移民保持親密的宗教空間而設置內外界限。

14 有關文化親密的討論，參見 Michal Herzfeld, *Cultural Intimacy: Social Poetics in the Nation-State*（New York: Routledge, 1997）.

結　語
神聖與日常之間的世界溫州人

近來在歐洲大陸，以基督教為背景的華人華僑組織較其他僑團組織有更為可觀的增長與分佈。[1] 它們可以調動跨國的宗教與社會資源舉辦大型公共活動，在居住國拓展宗教空間，形成一股可見度較高的社會力量。與其他僑團組織相比，華人基督教的凝聚力更多地體現在信仰、價值觀與歸屬感的跨代傳承上，這與教會對主日學與青年事工的重視及與其對青年同工的培養有關。海外民間宗教與會館式佛教組織往往僅是存在於第一代移民群體中的現象，對第二代華人移民的吸引力較小。究其原因，可能與組織中缺乏傳統中國家庭的文化隱喻與氛圍有關。例如，荷蘭第二代華人青年更為傾向於加入居住國社會的非華人宗教組織並淡化族群文化特色，體現了宗教個人主義的傾

1　Wan Yi, "Facing Challenges, Chinese Churches in Europe Look to the Future", *Christianity Times*, December 9th, 2022.

向性。[2]

華人基督教在很大程度上保留了傳統中國社會的鄉土性特質。費孝通在《鄉土中國》中把中西社會的差別置於傳統向現代轉型的座標上進行對比性考察，其核心概念「差序格局」對傳統中國基層社會的結構性特徵作了經典性的概括，凸顯了血緣地緣為核心的人際圈層的可伸縮性與公私領域界線的模糊性，以區別於強調平等成員身份及清晰團體組織界線的西方「團體格局」。該書在出版半個多世紀後，仍是研究和理解中國社會關係的核心本土化命題。然而，這一由己到家、由家到國再推及天下的本土秩序是如何在百年未有之大變局及與西方社會文化的碰撞中持守與應對的，則需要新的實證材料進行檢驗。本研究提供了一個海外華人社會的新場景與素材，審視傳統差序社會關係在全球化變遷中是如何實現重新組合演化的。

雖然以家庭和家族為核心的差序格局的信任半徑小，但半徑內部信任強度高，較西方基督教影響之下

2　參見呂雲芳：〈荷蘭「華二代」佛教徒的迭合身份認同研究〉，《華僑華人歷史研究》，2017 年第 2 期。限於篇幅，本文無法就華人佛教與基督教傳播的方式機制展開對比式討論。

泛化而不分差序的社會信任格局，更有利於離散處境下華商「抱團」式的社會經濟融入。在背井離鄉全球離散謀生的溫州人眼裏，世界是神聖的，地方則是一種日常，而世界溫州人就是在神聖與日常交織變奏下的流動的主體。基督教宇宙觀中的神聖超驗領域與世俗日常領域的截然分離，塑造了基督教在全球範圍內的高度流動性，以及可轉譯性（Robbins，2009）。對於許多承認並接受全球經濟等級體系的世界溫州人來說，這種基督教的宇宙觀結構反映了全球市場經濟中「農村－邊緣－地方」和「現代全球中心」之間的分裂，他們冒着巨大的風險尋求進入這一經濟中心，並為他們的跨國流動提供合法化的解釋。這種道德空間的想像為溫州移民提供了一種富有意義的生活構建方式，但是由於主流社會各種文化和結構性的限制，他們在西方世界可能永遠無法真正地感到賓至如歸或進入到權力和聲望的中心，即使他們可以像大多數無證移民那樣，合法化他們原本非法或半非法的商業活動，以此最大限度地減少中心與邊緣的鴻溝。在溫州基督徒的道德話語和想像中，這一鴻溝對應了神聖與日常之間存在着的隱喻上的區隔，而他們在實踐中卻有意無意地將日常世俗的創業邏輯引導到教會團體的日常工作和海外傳教的運作中。

法國的溫州移民教會也許是獨特的，具有強烈區域文化色彩的，但在中國經濟全球化的背景下並非一個例外的故事。義大利的華人基督教發展走出了一條相近但又有所不同的道路。相比以巴黎為中心形成小聚居的法國華人移民教會群體，義大利華人移民教會遍佈長條形國土並呈發散型發展。在兩個國家，我們都看到華人基督教背後商人家庭和家族的重要支撐作用，尤其是來自於浙江溫州的華商群體，更是在其中扮演了舉足輕重的角色。在兩國平行發展的華人移民基督教既有交集和共性——比如都具有擬家族化傾向、空間獨立性與一套保守主義道德話語，與此同時兩者又有對不同處境的差異性適應。歐盟中，義大利在移民管制上的相對寬鬆及其商貿發展上的相對落後，是導致旅意華人移民基督教的高流動性與抱團協作的主要外在原因。歐元區發生經濟危機後，義大利受到重創，境內諸多工廠的關閉也導致其附近移民教會隨員工的離開而被迫搬遷。法國的溫州華人基督教歷史比較長久，在區位發展模式上更為集中於巴黎這個國際商業大都市與華人移民的商貿中心。值得一提的是，有不少巴黎的華人移民基督徒都是從義大利轉道來法國尋覓商機的，對他們而言，義大利更適合作為一個落腳點以獲得合法身份，而法國才是終點站。

法國的世俗化強調不信仰任何宗教的自由，而義大利的世俗化更多地體現在以個體方式（而非社群組織形式）實踐信仰的宗教私人化傾向。法、義兩國的世俗化形式與程度雖然不同，但都強化了華人移民基督教群體與主流社會間的張力與離心力，客觀上加強了移民教會內部的凝聚力、宗教委身與社群信任（communal trust）。這似乎揭示了為什麼在極為世俗化的社會框架下，卻得以聚集全歐最大規模的華人基督教群體。對這些移民基督徒而言，長期穩定和排他性認信的教會參與，使他們能夠在跨國遷移與流動中充分建立歸屬感與互信，並獲得情感上的依靠，以及社會物質方面的安全感。這種團體歸屬感，是由基督教團契通過營造基於排他性信仰的集體生活產生的，它比其他僑團組織更能吸引和凝聚華人。[3] 儘管巴黎的溫州人教會因為聚集了較多的精英僑領和老華僑，在社會空間上呈現彼此獨立和相互競爭的發展態勢，

---

3 移民教會較華人商會或行業協會的一個最大不同點，是擁有一個基於信仰的道德共同體。參見涂爾幹有關宗教的定義，愛彌爾・涂爾幹著，渠東、汲喆譯：《宗教生活的基本形式》（上海：上海人民出版社，2006），頁52－58。

但總的來説，旅歐華人移民基督教並非海外華人的精英組織。相比而言，海外商會、協會和同鄉會主要構成了華商精英活動的平台，而華人移民基督教本質上是一場大眾運動。[4] 堂點遍佈義大利的華人基督教牧區體系滿足了散居各地的經濟地位較平等的非精英移民的社會參與需求，並使他們能夠隨工作遷移而輕易在統一的宗教體系內實現跨地區流動，以便就近找到新的聚會點。

當華商信徒將相對成功的商業社會實踐帶入教會群體後，移民教會組織在運作邏輯上也趨向於一個商業組織。溫商的家族企業與其帶領的移民教會在對待投資理財、婚姻與家庭關係上的實踐是同構的。最鮮明與直接的一個例子，莫過於一個把教會辦公室當作公司辦公室使用的巴黎溫州移民教會領袖。當問及他名片上的服裝公司地址為什麼與他的教會地址一致時，他直白地回答，「有教會活動時，這裏是教會的辦公室，否則這裏就是公司的辦公室。」這一聖俗界限似乎是十分任意的，然而這也在很大程度上反映了

4 參見斯塔克有關初期教會的討論，羅德尼．斯塔克著，黃劍波、高民貴譯：《基督教的興起》（上海：上海古籍出版社，2005），頁247－248。

在組織資源相對有限的前提下，移民教會較易缺乏或失去自身獨特的文化特徵與宗教傳統，從而成為一個以滿足移民社會經濟與世俗文化現實需求為主的多功能社區中心。不論是旅法移民教會彼此相對獨立的橫向網絡體系，還是在義大利類似於天主教的垂直等級化的移民牧區體系，現階段歐洲華人移民基督教的最大特色，是依託於華人家庭與華人商城的社會經濟紐帶的放射性發展模式，而這與中國經濟全球化進程在近幾十年來的加速是分不開的。

當前的歐洲華人教會發展形態也可與歷史更為久遠的北美華人移民基督教進行比較分析，它們體現了不同政教關係構造下的移民宗教表達形式。上世紀末筆者曾在美國紐約市曼哈頓的唐人街或華埠（Chinatown），重點圍繞一間廣東移民為主的工人階層教會進行過為期一年的民族志田野調查。[5] 彼時中國的經濟全球化程度還未如現階段這般迅猛，華人移民教會的跨國聯繫較少，主要專注於向美國主流社會的同化，相對淡化對原居國中國的情感歸屬與制度連

5 Nanlai Cao, *Bonding Social Capital with Bridging Effect: Youth Adaptation Processes in a Chinatown Church*. MA thesis, Department of Sociology, Fordham University, NY; Nanlai Cao, "The Church as a Surrogate Family".

結。美國唐人街教會的牧師在新移民同化或美國化進程中扮演關鍵性角色。他們之所以能夠幫助華人融入這個社會，而且能夠吸引大量年輕人，不管是工人階層還是留學生，實際上是因為他們起到了一個連結中西方文化的橋樑作用。就像現在的歐洲華人教會領袖一樣，他們實際上是一種新型的僑領——宗教僑領。這類宗教僑領自己本身是一個富有威望、德高望重的、比較融入主流社會的人，他移居西方已經數載，語言能力較好。另一方面，其社會經濟地位也是屬於中上層，所以不僅從經濟層面，而且在社會行為與價值觀上，他對新來的移民來説都是一個楷模，起到一個僑界領袖的角色。另一方面，他又符合我們中國傳統鄉村大家庭中對「父親」的角色期待。他像父親一樣關愛那些年輕人，甚至是超越了他們生理上的父親。華埠新移民青少年的親生父親，由於大多不會説英語，其本來就不高的社會經濟地位，在移民美國以後更趨下降。在中國取得的資歷如公務員或者教師等職業技術證書，到了美國以後都失去效用，個體呈現向下層社會流動的趨勢。在傳統中國家庭中，如果一個父親的權威失去的話，那對子女的社會化會有非常大的負面影響。基督新教非常強調男性的權威，所以移民教會的華人牧師就扮演了這樣一個理想的模範父親的角色，提供不僅是象徵性的，也是現實生活中的父愛式關懷。比如，他會陪伴移民子弟們一起打籃球和郊遊，而他們的親生父親幾乎是不可能以這樣親密平等的方式陪他們遊戲的。在中國傳統文化裏，人們很難想像父親和孩子在公開的場合展露對彼此的感情，而在美國社會生活中，父子之間則會互相擁抱、親吻。當華人移民子弟看到美國的孩子跟父母之間的這種親密互動，相比之下，他們就很難理解自己父母一天天地忙着工作、七天都要去打工而無休息日的生活。

移民宗教既是族裔身份認同延續的場所，也是促進同化和變遷的力量。宗教皈信並不意味着揚棄文化傳統，也包含了對傳統文化資源的重新利用。移民教會在美國社會底層可以再生中國傳統家庭權威。在皈信的工人階層青年華人中，華裔民族認同的強化與其向主流社會融入是並行不悖的。教會彌補了移民家庭資源不足與父母角色缺位的劣勢，而華裔牧師的大家長角色重建並更新了傳統中國家庭中的男性權威形象，為邊緣化的新移民青年創造了有利於身份重組與社會適應的亞文化。

新移民歐洲的華人中也有類似的這種情況。有法國的訪談對象告訴筆者他們的父母經常是凌晨兩三點鐘睡覺，早上七點鐘就起來做工，而且週末都不休息。在法國巴黎的街道上，筆者曾看到華人店舖的櫥窗上貼着中文寫的「週末我們不休息」的字條。在這種社會經濟生活與工作的壓力下，教會提供了情感層面上的一種象徵意義上的權威和心理上的補償。但我們也不能完全化約式地理解為它僅僅是彌補了移民的心理真空，實際上堅守原生基督信仰也表達了他們想融入新社會的一種欲望，即希望能用一種自己的方式去融入，而不是完全地西化。因為他們參加的還是華人的教會，而非美國人或者法國人的教會，並往往刻意與西方主流教會體制保持距離與區隔。這種委身華人聚集區的信仰現象，在第一代移民中尤為普遍。

美國的華人群體在社會經濟層面上是兩極分化的，一個群體是聚居於華埠較為草根的工人階層；另一個是較為富有的專業技術移民與中產家庭出身的留學生群體，後者中不乏富二代，他們大多在美修讀本科和高中的學業。這些新一代青年華人群體中，皈依基督教的情況已經愈發普遍。他們信教的途徑往往是通過正式的宗教組織與正式教會機構的管道，這些學校本身大多擁有教會背景，華人子弟在學習過程中，受到基督教傳教的意識形態的薰陶。相比之下，歐洲的華人，尤其是溫州移民，他們在很大程度上還生存於一個灰色地帶，他們有的是非法居留，有的是非法務工，或者父母都是打黑工的情況也十分普遍。畢竟現在歐洲的很多華人小商人是上世紀八九十年代偷渡過去的，然後慢慢地才把身份洗白。對這些人來說，華人移民教會是他們唯一能獲取的、在新社會站穩腳跟的開放性資源。這種開放性源自於基督教的包容性，即其假設所有人，不論社會經濟背景或教育水準如何，皆為潛在的皈依者。而對於去美國留學的富二代和城市中產子弟來說，他們更強調的是基督教作為一種象徵意義上的優勢身份資源。因為基督教在都市中國的發展往往體現了其與現代性的契合，尤其是作為依附於西方現代性的一種道德體系。[6] 不管在中國還是西方，一旦建立了基督教信仰與現代性的概念性關聯，年輕一代即會傾向去學習和獲取物質、技術層面的知識之外的這種精神性資源。畢竟美國是一個基督徒佔多數人口的國家，人們可以輕易看到社會生活

6 Nanlai Cao, "Raising the Quality of Belief: Suzhi and the Production of an Elite Protestantism," *China Perspectives*, 2009(4): 54-65.

中以基督教為基礎的公民宗教的一個影子，這為華人接受這個主流信仰創造了積極順暢的生態條件。

筆者在紐約市求學階段（1998－2004年），在這個相對世俗化的美國大都市，對基督教的日常彌散性也有深切的體驗。當每週日早晨起來乘坐公車時，經常可以聽到司機在一邊開車，一邊收聽牧師講道的內容，不由得讓人聯想到北京的計程車司機一邊開車，一邊聽相聲的情景，這好像是一種無意識的、嵌入到大眾情感結構的東西。對一個新移民而言，旅居時間久了，就不會覺得去教會是一個很大的心理障礙。而在中國，基督教跟日常生活是有一定距離的。筆者在赴美前在中國沒有參加過教會活動的經歷，第一次去教會是到美國以後在室友（一個澳門人，他在國內就已經是基督徒）的帶領下去的。他帶我去了曼哈頓唐人街的一家教會，後來那裏成為我碩士論文的田野場所。當然我從他身上也了解到中美兩個社會中華人基督教表達形式的差異。他覺得中國的教會內的講道比較忠於《聖經》，談「罪」談得很多，但是他加入到了美國華人教會聚會後，發現華人牧師都是在談「愛」，甚至談的都是一些並非《聖經》上的內容。他作為在中國比較保守、正統的基督教氛圍下成長起來的信徒，感受到了這一巨大區別。這一差別也在我之後對溫州基督教進行的博士論文研究中得到進一步印證。[7] 華人基督教在美國經過了一定的改良，以更適應華人在當地的社會處境。換句話説，源自中國社會文化土壤的一個原生基督教形態，隨移民遷移到美國以後，它就脱離了邊緣化的地位成為一個主流的宗教，因此也就不再那麼需要強調自己的宗教獨特性，反而開始重視自身的民族獨特性（如一個傳統中國大家庭的隱喻），以獲得和保持本民族信徒群體的內在凝聚力。[8] 在中國本土社會，基督教為了延續在社會邊緣的現實生存需要，反抗社會同化，仍然非常強調自己的一些基要的信條（尤其是「因信稱義」），為的是在本質層面上與別的宗教以及世俗社會與政治分別開來。但在基督教文化影響下的美國或歐洲大陸，華人基督教更像是一個民族社區型的宗教，或者是一個結合信仰與生活的社區共同體。

唐人街的華人教會非常強調子女的教育以及中國

7　Nanlai Cao. 2011. *Constructing China's Jerusalem: Christians, Power, and Place in Contemporary Wenzhou*.

8　Fenggang Yang and Helen Rose Ebaugh, "Religion and Ethnicity Among New Immigrants: The Impact of Majority/Minority Status in Home and Host Countries." *Journal for the Scientific Study of Religion* 40(3), 2001: 367-378.

的傳統節日，比如中秋節和春節。教會其實既慶祝中國的節日，也慶祝美國的節日。其慶祝方式是非常傳統的，比如講道聚會後做一桌飯菜，或者買一些外賣食品供信眾自助食用。禱告結束以後，牧師會按年齡段由高到低邀請老年人先去自取飯菜，然後就是孩童，最後才輪到中青年人，這充分體現尊老愛幼的傳統文化。這一點跟美國本土教會的文化是不一樣的，它給人一種中國式的家長制的感覺。但這個中國大家長又是相對比較西化的老華僑，所以他可以扮演中國和美國文化交匯的橋樑角色。這個華人移民教會本身含有一些中國化的、儒家化的內容，非常強調青年人要尊重父母、好好學習、不要走偏等社會道德規範。筆者曾出席過他們受洗前的見證會。在受洗之前，那些青少年都會上台前進行分享與懺悔。記得有一位十幾歲的女孩說她未婚先孕了，所生的孩子現在由別人收養了。皈依就等於是給了她一個新的生命，不僅是靈性上，同時也是社會經濟意義上的生命。還有小男孩說他以前跟黑幫混，闖到別人家裏去收取保護費，被警察抓後在拘留所（detention center）被關了一段時間，幸運的是最後那個事主沒有起訴他，他感謝上帝對他的看顧。還有青年人提到，如果沒有基督教，他在街上就被人開槍打死了，因為他真的有朋友是這樣被黑幫打死的。這些見證反映的都是問題青少年通過信仰基督教得到行為上的矯正。所以對他們來說，這個教會起到非常大的作用。這種工人階層子弟可能沒有別的選擇，而他們獲得教會的幫助是無條件的。你不需要什麼資格，只要相信就可以了。只要選擇基督教的信仰，你就能夠獲取教會成員的信任與幫助，可以成為這個社區或大家庭的一部分，否則你就會淪為一個流離失所的個體。

歐洲華人移民基督教的情況與美國的華人基督教比較，又存在非常不同的地方。如前所述，美國有一個正統的，通過正式組織傳播發展的華人基督教，這與基督教作為美國正式組織的意識形態和文化底蘊不可分割。現今旅美中國移民大多數是通過正規教育體系（尤其是教會背景的中學和大學），來獲得對美國基督教的認識。[9] 唐人街的教會組織也是正式的、類似社區中心的華人社群的組織。而法國是一個強調世俗主義核心價值的國家，這導致了宗教和世俗社會之間的緊張關係。華裔移民宗教組織很難在法國獲得

---

9 參見 Han Zhang, "Leave China, Study in America, Find Jesus." *Foreign Policy*, Feb. 11, 2016.

一個合法的身份，所以它們的運作方式就像他們的私人企業一樣，是處在一種依託移民家庭與家族網絡的灰色地帶。活躍於非正式跨國網絡的旅法溫州華人為了進一步發展教會所採取的措施（諸如融資購買新的教堂與聚會場所），都屬於非正式的安排，借助於移民家庭的非正式經濟來盡力規避當地法律與法規的監管。這類非正式經濟實踐實際上包括了偷漏稅和僱黑工等。這種非正式制度安排對屬於非精英的華人商人來說，是一種特殊處境下的社會融入方式。[10] 那麼基督教到底在非精英華人社會中起到什麼作用？為什麼這些華人移民到了歐洲非常世俗化的地方，還要保持他們的基督教信仰？我們比較容易理解的是移民到了美國，他們信仰基督教，是因為美國主流文化是基督教，所以他們接受基督教或繼續持守這份信仰，是為了更好地適應美國的社會或者同化入美國中產階層文化。而對於上世紀八九十年代移民歐洲的這些以溫州人為主的小商人群體而言，他們在新的社會重新營造了一種高度中國化的民族基督教社群生活，這一跨國宗教現象具有重要理論意義。

10 王春光、Jean Philippe Béja：《溫州人在巴黎：一種獨特的社會融入模式》。

本研究的一個主要發現，是移民基督教實際上提供了一種移民生活所需要的精神和道德資源，並構建了一個平行的象徵世界來承載移民們的一些跨國商貿實踐。不管是溫州人還是其他地方的華人，要想形成一個一起合作經商的穩定的商幫力量，從長遠角度來看，必定需要有一種非經濟性的、非理性的互信紐帶。如果移民商人都是錙銖必較，以自身逐利為先，追求個人利益最大化並相互算計，那麼長久的群體合作將難以實現。而溫州人最大的特點就是以「抱團」的方式融入新社會。基督教是建構這種社群內聚力與信任的一個可能資源，它也提供了一個高度可控的社會空間。這並不是說必須是通過基督教這一種宗教來實現族群內的聚合。但基督教似乎在現階段扮演着一個最明顯的社會角色，它在僑社的社會整合能力超越其他宗教及宗族組織、同鄉會等華僑組織。我們經常可以耳聞媒體上和僑界流傳的關於海外僑社的一些亂象，諸如一個海外商會設立十幾個副會長，導致華人組織內鬥的情況甚為嚴重。但是教會就提供了另一種可能，這不只是跟特定宗教意識形態有關，跟它的組織架構也有直接與緊密的關係，因為它是講求一個把信仰和生活融合在一起的充滿社群互信的團體。這種會眾的結構非常能夠整合這些本來背井離鄉就是為了追求現實經濟利益的團體，他們鼓勵樂善好施，發揚利他主義的精神。教會的領導層不僅被期待回饋原籍的社區，還要負責為僑團組織頻密的、體現全方位關懷的宗教與社會活動，包括幾乎每天都有的查經班、主日的崇拜會，還有團契、聚餐、探訪、郊遊與夏令營等活動。筆者參加過巴黎華人基督徒在咖啡館及信徒家中舉辦的聚會，在這些場合出現和聚集的往往都是老鄉，他們在國內也都彼此認識，甚至在國內都是來自同一間教會、同屬一個牧區。

旅歐華人基督教在這方面成為重構了鄉情和熟人社會紐帶的載體與管道，而且是以激發強有力的、持久的情緒與動機的方式在異域塑造了這一社會現實。[11] 在這裏，面對來自主流社會的文化同化壓力，宗教道德與價值觀似乎是為老鄉與族人基於地緣和血緣的社會信任網絡提供了額外一層超自然秩序的保證。不同於華僑的商會與同鄉會組織過於強調和追求

11 這裏借用格爾茨對宗教的定義，即一套由象徵物所構成的文化體系，通過對生存秩序的概念化構建，能夠激發強烈、普遍而持久的情緒與動機，而且由於關於生存秩序的假設被視作事實，被激發的情緒與動機也因此而真摯切實。克里弗德·格爾茨著，韓莉譯：《文化的解釋》（上海：上海人民出版社，1999），頁111。

其理性博弈的、競爭性的和經濟性的紐帶功能，教會提供了位於家國之間的一個情感面向的、非市場關係導向的互聯紐帶，使傳統人際關係格局在西方和世界其他地方也具有了文化合法性與某種神聖性，它強調的是社區精神與財富的再分配，這也間接促使華人商業在海外的發展更具有可持續性。總的來說，宗教網絡與宗教實踐在中國經濟全球化中扮演了仍然鮮為人知的角色，宗教文化與道德觀並非理性市場經濟的對立面或全球商業發展中細枝末節的因素，它已構成當代中國人追求都市現代性與跨國社會流動過程中的有機組成部分。

參 考 文 獻

中文文獻

王春光：《巴黎的溫州人 —— 一個移民群體的跨社會建構行為》。南昌：江西人民出版社，2000。

王春光：《移民空間的建構：巴黎溫州人跟蹤研究》。北京：社會科學文獻出版社，2017。

王春光、Jean Philippe Béja：〈溫州人在巴黎：一種獨特的社會融入模式〉，《中國社會科學》，1999 年第 6 期，頁 106－119。

王賡武：《華人與中國》。上海：上海人民出版社，2013。

朱峰：《基督教與海外華人的文化適應：近代東南亞華人移民社區的個案研究》。北京：中華書局，2009。

呂雲芳：〈荷蘭「華二代」佛教徒的迭合身份認同研究〉，《華僑華人歷史研究》，2017 年第 2 期。

李中：〈投資移民潮的溫州樣本〉，《經濟參考報》，2010 年 12 月 13 日。

李明歡：《歐洲華人華僑史》。北京：中國華僑出版社，2002。

李明歡：〈法國的中國新移民人口構成分析 —— 以傳統、制度與市場為視角〉，《廈門大學學報（哲學社會科學版）》，2008 第 3 期，頁 106－113。

李明歡：〈歐洲華僑華人研究 70 年〉，《華僑華人歷史研究》，2019 年第 3 期。

李榭熙：《聖經與槍炮：基督教與潮州社會（1860－1900）》。北京：社會科學文獻出版社，2016。

汲喆：〈禮物交換作為宗教生活的基本形式〉，《社會學研究》，2009 年第 3 期，頁 1－25。

周越：〈中國民間宗教服務的家戶制度〉，《學海》，2010 年第 3 期，頁 44－56。

范正義：〈全球背景下的神明標準化 —— 馬來西亞雪隆海南會館天后宮的個案研究〉，《世界宗教研究》，2022 年第 11 期。

張鐘鑫：〈近代東南亞華人基督教跨國網路研究〉，《東南學術》，2015 年第 5 期。

張鐘鑫：〈當代東南亞華人基督徒數量的估算與評析〉，《世界宗教研究》，2018 年第 1 期。

曹南來：《建設中國的耶路撒冷 —— 基督教與城市現代性變遷》。香港：香港大學出版社，2014。

曹南來：〈旅法華人移民基督教：疊合網路與社群委身〉，《社會學研究》，2016 年第 3 期，頁 152－169。

曹南來、林黎君：〈經濟全球化背景下的華人移民基督教：歐洲的案例〉，《世界宗教研究》，2016 年第 44 期。

梁永佳：〈中國農村宗教復興與「宗教」的中國命運〉，《社會》，2015 年第 35 卷第 1 期，頁 161－183。

郭思嘉（Nicole Constable）著，謝勝利譯：《基督徒心靈與華人精神》。北京：社會科學文獻出版社，2013。

華樺：〈巴黎華人留學生信仰基督教特徵研究：以巴黎部分華人基督教會中的留學生為例〉，《青年研究》，2009 年第 6 期，頁 64－73。

費孝通：〈小商品．大市場〉，《浙江學刊》，1986 年第 3 期，頁 4－13。

費孝通：《鄉土中國》。上海：上海人民出版社，2006。

項飆：《跨越邊界的社區》。北京：三聯書店，2000。

愛彌爾．涂爾幹著，渠東、汲喆譯：《宗教生活的基本形式》。上海：上海人民出版社，2006。

趙曄琴：〈身份建構邏輯與群體性差異的表徵 —— 基於巴黎東北新移民的實證調查〉，《社會學研究》，2013 年第 6 期，頁 193－214。

蔡克驕：〈溫州人文精神剖析〉，《浙江師範大學學報（社會科學版）》，1999 年第 2 期，頁 28－31。

鄭海華：〈商行天下：230 萬溫州人闖出來的現代傳奇〉，《溫州日報》，2012 年 1 月 29 日。

羅德尼・斯塔克著，黃劍波、高民貴譯：《基督教的興起》。上海：上海古籍出版社，2005。

蘇精：《基督教與新加坡華人 1819－1846》，新竹：清華大學出版社，2010。

英文文獻

Anderson, Benedict. *The Spectre of Comparisons: Nationalism, Southeast Asia, and the World*. London: Verso, 1998.

Bellah, Robert N. *Beyond Belief: Essays on Religion in a Post-Traditionalist World.* New York: Harper & Row, 1970.

Cao, Nanlai. *Bonding Social Capital with Bridging Effect: Youth Adaptation Processes in a Chinatown Church*. MA thesis, Department of Sociology, Fordham University, NY, 2000.

Cao, Nanlai. "The Church as a Surrogate Family for Working Class Immigrant Chinese Youth: An Ethnography of Segmented Assimilation," *Sociology of Religion* 66 (2005): 183-200.

Cao, Nanlai. "Boss Christians: The Business of Religion in the 'Wenzhou Model' of Christian Revival," *The China Journal* 59 (2008): 63-87.

Cao, Nanlai. "Raising the Quality of Belief: Suzhi and the Production of an Elite Protestantism," *China Perspectives* 4 (2009): 54-65.

Cao, Nanlai. *Constructing China's Jerusalem: Christians, Power, and Place in Contemporary Wenzhou*. Stanford: Stanford University Press, 2011.

Cao, Nanlai. "A Sinicized world religion? Chinese Christianity at the contemporary moment of globalization," *Religions*, 2019, 10 (8), 459.

Chai, Karen. "Competing for the Second Generation: English-Language Ministry at a Korean Protestant Church." In R. S. Warner and J. G. Wittner eds. *Gatherings in Diaspora*. Philadelphia, PA: Temple University Press, 1998, pp. 295-330.

Chan, Kim-Kwong. "The Back to Jerusalem Movement: Mission Movement of the Christian Community in Mainland China." In Wonsuk Ma and Kenneth R. Ross eds. *Mission Spirituality and Authentic Discipleship*. Oxford: Regnum Books International, 2013, pp. 172-192.

Chau, Adam Y. *Miraculous Response: Doing Popular Religion in Contemporary China*. Stanford: Stanford University Press, 2005.

Chau, Adam Y. "Household Sovereignty and Religious Subjectification: Comparing the Idiom of Hosting in Chinese and Christian Religious Cultures," *Studies in Church History* 50 (2014): 492-504.

Czaika, Mathias and Hein de Haas. "The Globalization of Migration: Has the World Become More Migratory?" *International Migration Review* 48 (2014): 283-323.

Davie, Grace. "Resacralization." In Bryan Turner ed. *The New Blackwell Companion to the Sociology of Religion*. Chichester, West Sussex: Wiley-Blackwell, 2010, pp. 160-178.

DeBerdardi, Jean. *Christian Circulations: Global Christianity and the Local Church in Penang and Singapore 1819-2000*. Singapore: NUS Press, 2020.

Dei Ottati, Gabi, Daniele Brigadoi Cologna. "The Chinese in Prato and the Current Outlook on the Chinese- Italian Experience." In Loretta Baldassar, Graeme Johanson, Narelle McAuliffe, Massimo Bressan eds. *Chinese Migration to Europe: The Case of Prato and Italy*. Cambridge: Palgrave Macmillan, 2015, pp. 29-48.

Dunch, Ryan. *Fuzhou Protestants and the Making of a Modern China, 1857-1927*. New Haven: Yale University Press, 2001.

Herzfeld, Michal. *Cultural Intimacy: Social Poetics in the Nation-State*. New York: Routledge, 1997.

Ji, Zhe. "Buddhist Groups among Chinese Immigrants in France: Three Patterns of Religious Globalization," *Review of Religion and Chinese Society* 1 (2014): 212-235.

Johanson, Graeme, Anja Michaela Fladrich. "Ties that Bond: Mobile Phones and the Chinese in Prato." In Loretta Baldassar, Graeme

Johanson, Narelle McAuliffe, Massimo Bressan eds. *Chinese Migration to Europe: The Case of Prato and Italy*. Cambridge: Palgrave Macmillan, 2015, pp. 177-194.

Kipnis, Andrew. "Anthropology and the Theorisation of Citizenship," *The Asia Pacific Journal of Anthropology*, 2004, 5 (3): 257-78.

Lee, Dong. "China's Global Go-Getters," *Los Angeles Times*, March 12, 2007, p. A1.

Levitt, Peggy. *The Transnational Villagers*. Berkeley: University of California Press, 2001.

Liu, Jifeng. *Negotiating the Christian Past in China: Memory and Missions in Contemporary Xiamen.* University Park: Penn State University Press, 2022.

Michalopoulos, Stelios and Alireza Naghavi, "Trade and Geography in the Spread of Islam" , *The Economic Journal* 128 (2017): 3210-3241.

Min, Pyong Gap. "The Structure and Social Functions of Korean Immigrant Churches in the United States," *International Migration Review* 26 (1992): 1370-1394.

Oxfeld, Ellen. *Drink Water, but Remember the Source: Moral Discourse in a Chinese Village.* Berkeley: University of California Press, 2010.

Palmer, David. "Gift and Market in the Chinese Religious Economy," *Religion* 2011 (41): 569-594.

Palmer, David. "Transnational Sacralizations: When Daoist Monks Meet Global Spiritual Tourists," *Ethnos* 79 (2012): 169-192.

Robbins, Joel. "Is the Trans- in Transnational the Trans- in Transcendent: On Otherness and Moral Transformation in the Age of Globalization." In T. Csordas ed. *Transnational Transcendence: Essays on Religion and Globalization.* Berkeley: University of California Press, 2009, pp. 55-71.

Thunø, Mette and Li Minghuan. "Introduction: New Dynamics of Chinese Migration to Europe," *International Migration* 58 (2020): 5-21.

Wan, Yi. "Facing Challenges, Chinese Churches in Europe Look to the Future," *Christianity Times*. December 9th, 2022.

Warner, R. S. and J. G. Wittner, eds. *Gatherings in Diaspora: Religious Communities and the New Immigration*. Philadelphia: Temple University Press, 1998.

Yang, Fenggang. *Chinese Christians in America*: *Conversion, Assimilation, and Adhesive Identities.* Pennsylvania: Pennsylvania State University Press, 1999.

Yang, Fenggang and Helen Rose Ebaugh. "Religion and Ethnicity among New Immigrants: The Impact of Majority/Minority Status in Home and Host Countries," *Journal for the Scientific Study of Religion* 40 (2001): 367-378.

Yang, Mayfair M. "Putting Global Capitalism in Its Place: Economic Hybridity, Bataille, and Ritual Expenditure," *Current Anthropology* 41 (2000): 477-509.

Yang, Mayfair M. *Re-enchanting Modernity: Ritual Economy and Society in Wenzhou, China*. Durham and London: Duke University Press, 2020.

Zhang, Han. "Leave China, Study in America, Find Jesus," *Foreign Policy*, 11 Feb, 2016.

香港城市大學中文及歷史學系
創系十週年叢書 08

世界中的溫州
神聖與日常的變奏
曹南來 著

叢書總編 程美寶 陳學然

責任編輯 黎耀強
裝幀設計 簡雋盈 陳佩珍
排 版 陳美連
印 務 劉漢舉

出版
中華書局（香港）有限公司
香港北角英皇道 499 號北角工業大廈 1 樓 B
電話：（852）2137 2338
傳真：（852）2713 8202
電子郵件：info@chunghwabook.com.hk
網址：http://www.chunghwabook.com.hk

發行
香港聯合書刊物流有限公司
香港新界荃灣德士古道 200 - 248 號
荃灣工業中心 16 樓
電話：（852）2150 2100
傳真：（852）2407 3062
電子郵件： info@suplogistics.com.hk

印刷
美雅印刷製本有限公司
九龍觀塘榮業街 6 號海濱工業大廈 4 樓 A

版次
2024 年 12 月初版

規格
32 開（190mm × 130mm）

ISBN
978-988-8912-09-4